Karl Bücher

Basels Staatseinnahmen und Steuervertheilung 1878-1887

Tabellarisch dargestellt

Karl Bücher

Basels Staatseinnahmen und Steuervertheilung 1878-1887
Tabellarisch dargestellt

ISBN/EAN: 9783744623230

Hergestellt in Europa, USA, Kanada, Australien, Japan

Cover: Foto ©Suzi / pixelio.de

Weitere Bücher finden Sie auf **www.hansebooks.com**

Basels

Staatseinnahmen und Steuervertheilung

1878—1887,

tabellarisch dargestellt

von

Prof. Karl Bücher.

Publiziert vom Finanz-Departement Basel-Stadt.

Basel
Buchdruckerei von J. G. Baur.
1888.

Einleitung.

Das Jahr 1887 bezeichnet nach mehr als einer Richtung einen wichtigen Abschnitt in der Geschichte des Basler Finanzwesens. Durch die unterm 21. März genannten Jahres vom Grossen Rathe beschlossenen Abänderungen des Gesetzes über die direkten Steuern ist dieser feste Unterbau des ganzen Einnahmesystems wesentlich umgestaltet worden. Das freie Existenzminimum der Einkommens- und Erwerbssteuer ist um 200 Fr. erhöht worden, und damit fällt künftig mehr als ein Viertheil der seitherigen Pflichtigen aus dem Rahmen dieser Steuer. Für die Vermögenssteuer ist an Stelle der Taxation durch die Steuerkommission die Selbsteinschätzung der Pflichtigen, an Stelle des seit ihrem Bestehen in Kraft gewesenen Proportionalsteuerfusses eine Progressivscala eingeführt worden. Die städtische Gemeindesteuer ist unter Festhaltung ihres Charakters als Einkommensklassensteuer durch Vermehrung der Klassen und eine damit zusammenhängende zweckmässigere Gestaltung der Progression im Sinne des ganzen Systems weiter ausgebaut worden. Endlich hat die Erbschaftssteuer eine Ausdehnung auch auf die direkten Erbschaften erfahren. Das Resultat dieser tiefgreifenden Aenderungen ist allerdings bloss für die Vermögenssteuer vollständig, für die städtische Gemeindesteuer und die Erbschaftssteuer erst theilweise aus der Staatsrechnung für 1887 ersichtlich, während die Umgestaltung der Einkommens- und Erwerbssteuer erst auf die Einnahmen des laufenden Jahres ihren Einfluss geltend machen wird. Das Jahr 1888 wird ausserdem aus dem Gebiete der indirekten Steuern zwei erhebliche Posten verschwinden sehen: den Eingangszoll auf ausländischem Wein und Bier nebst Konsumozoll auf ausländischen Luxusweinen und geistigen Getränken, welche durch das Bundesgesetz über gebrannte Wasser in Wegfall gebracht sind, und das Ohmgeld, welches durch die Patentgebühren des Wirthschaftsgesetzes vom 19. December 1887 ersetzt wird. Mit dem letzteren verschwindet die älteste regelmässige Steuer Basels (das mittelalterliche Wein-Ungeld), nachdem sie über ein halbes Jahrtausend die öffentlichen Kassen gespeist hat. Fügen wir hinzu, dass die Staatsrechnung von 1887 zum ersten Male den Zinsertrag der Chr. Merian'schen Stiftung als neuen gewichtigen Posten unter die regelmässigen Einnahmen eingestellt hat, so ergibt sich von selbst, in welchem Masse alle diese Umstände zu einem vergleichenden Rückblick auf die seitherige Gestaltung der Basler Finanzen einladen.

Die nachfolgenden Tabellen wollen denselben ermöglichen. Sachlich beschränken sich dieselben auf das Gebiet der Staatseinnahmen. Zeitlich greifen sie so weit zurück, als vergleichbare Ziffern zu beschaffen waren. Den Endpunkt bilden die Angaben der letztjährigen Staatsrechnung. Das Bild, welches diese Zusammenstellungen darnach bieten, ist ein einseitiges, in verschiedenen Partien ungleich ausgeführtes. Es bedürfte zu seiner Ergänzung einer ähnlichen tabellarischen Darstellung der Staatsausgaben und ihrer einzelnen Zweige, sowie verschiedener anderer Ziffern, welche für den ins Auge gefassten Zeitraum nicht vorliegen. Trotzdem dürfte es auch in seiner jetzigen Gestalt des Belehrenden und Beherzigenswerthen genug bieten.

Der Zweck dieses Begleitwortes kann nicht der sein, eine eingehende Betrachtung der Tabellen überflüssig zu machen. Es will nur den Leser — und zwar nicht bloss den diesen Dingen näher stehenden — in den Stand setzen, die Ziffern recht zu verstehen und zu deuten, ihn auf wichtige Gesichtspunkte aufmerksam machen und der praktischen Finanzpolitik eine einigermassen zuverlässige Unterlage geben. Wenn dabei auch für die Wissenschaft ein Gewinn abfällt, so sind es doch keineswegs in erster Linie wissenschaftliche Rücksichten gewesen, welche den Anlass zu dieser Arbeit gegeben haben.

I. Die Staatseinnahmen.

Unsere statistische Darstellung beginnt mit einer **Uebersichtstabelle** (N° I), welche die Ergebnisse der Basler Finanzwirthschaft während des letzten Jahrzehnts an der Gestaltung des Einnahme-Systems nachweist. Um das letztere in seinem reichgegliederten Aufbau möglichst übersichtlich vor Augen zu stellen, war es nöthig, die in manchen Punkten nicht ganz zweckmässige Anordnung der Einnahmeposten in den Staatsrechnungen aufzugeben und an ihre Stelle eine Anordnung nach den üblichen wissenschaftlichen Kategorien treten zu lassen. Es ist indess durch Angabe der korrespondirenden Titel der letztjährigen Staatsrechnungen in Spalte 1 der ersten Tabelle dafür Sorge getragen, dass die betreffenden Posten leicht in der gedruckten Staatsrechnung aufgefunden werden können. Hierbei ist jedoch für die früheren Jahre der in Betracht gezogenen Periode zu beachten, dass, um durchweg vergleichbare Ziffern zu erhalten, stellenweise eine Umrechnung der Posten stattfinden musste, so dass für die betreffenden Jahre weder in diesen Posten noch in der Endsumme unsere Aufstellung mit derjenigen der Staatsrechnung stimmt.

Der Grundsatz der fiskalischen Kasseneinheit ist bis jetzt nämlich in der Basler Finanzverwaltung nicht vollständig zur Durchführung gelangt. Einzelne Verwaltungsabtheilungen führen noch ihre besonderen Kassen und bringen gewisse eigene Einnahmen gleich bei ihren Ausgaben in Abzug, ohne dass dieselben die allgemeine Staatskasse durchlaufen. Diese Einnahmen erscheinen deshalb in den früheren Staatsrechnungen regelmässig nur als Abzugsposten der Ausgaben und sind erst in den letzten Jahren theilweise unter die allgemeinen Einnahmen eingestellt worden. Es musste versucht werden, auch die Ziffern aus früheren Jahren dem entsprechend umzugestalten, und es ist dies mit Unterstützung des Finanz-Departements auch in der Hauptsache gelungen. Es gehören hierher die Posten: Verkauf von Grabrechten (I, A 4), Arbeitsertrag der Strafanstalt (I, B 4), Beerdigungsgebühren für 1878 (unter II, A 3), Beiträge der Feuerversicherungsgesellschaften und der Brandversicherungsanstalt (II, B 3), von denen die letztere auch noch in der neuesten Rechnung bei den Ausgaben für das Löschwesen gebucht ist, und die Feuerwehrsteuer für 1881 (V, 6). Immerhin stecken noch mancherlei kleinere Einnahmeposten, namentlich aus der Kategorie der Beiträge, auch in den neuesten Ausgabe-Rechnungen. Da indessen ihre Ermittlung ohne Einsichtnahme der Specialrechnungen nicht zu vollziehen gewesen sein würde und an dem Gesammtbilde kaum etwas ändern dürfte, so konnte auf dieselbe verzichtet werden.

In anderen Fällen haben die Grundsätze der Buchung gewechselt. So namentlich bezüglich der Kapitalzinsen (I, A 2), der Betriebs-Erträge des Schlachthauses, des Gas- und Wasserwerkes (I, B 1—3). Auch hier sind die Aufstellungen der früheren Jahre nach den Buchungsgrundsätzen der späteren umgerechnet worden.

Die Einnahmen sind durchweg Netto-Einnahmen, so wie sie die Staatsrechnung in den Schlußsummen bietet. Da indessen bei den Steuer-Einnahmen nicht diese Nettoposten, an welchen die Bezugskosten abgezogen sind, die wahre Höhe der von der Bevölkerung für die Staatsbedürfnisse aufzubringenden Summen darstellen, so wäre für den Zweck dieser Zusammenstellungen die Einstellung der Bruttoposten zweifellos richtiger gewesen. Allein dieselbe würde die ohnehin bereits vorhandenen Abweichungen der Tabelle I von den gedruckten Staatsrechnungen noch bedeutend vermehrt haben, was aus praktischen Gründen nicht zweckmässig erschien. Um wenigstens eine annähernde Vorstellung von den Unterschieden der Brutto- und Netto-Erträgnisse bei den einzelnen Steuern zu geben, sei an dieser Stelle das Verhältniss der Bezugskosten zur Gesammteinnahme für die letzten zehn Jahre mitgetheilt. Vom Brutto-Ertrage giengen für Bezugskosten ab:

    bei der Vermögenssteuer . . . . 0,21 Procent,
    " " Einkommensteuer . . . . . . 0,30 "
    " " städtischen Gemeindesteuer . . 1,7 "
    beim Militärpflicht-Ersatz . . . . . . 2,4 "
    bei der Feuerwehrsteuer . . . . . . 3,4 "
    " " Stempelsteuer . . . . . . 5,4 "
    beim Salzregal . . . . 5,4 "
    " Ohmgeld . . . . 15,0 "
    bei der Consumogebühr . . . . 15,3 "

Diese wenigen Ziffern zeigen klar den grossen Vorzug der sogenannten direkten vor den indirekten Steuern; für die ersteren lehren sie zugleich, dass das Verhältniss des Netto- zum Brutto-Ertrage um so ungünstiger wird, je tiefer sie greifen.

Im Ganzen tritt uns aus der Gliederung der Ziffern in Tabelle I deutlich jene eigenthümliche Mischung staatlicher und kommunaler Elemente entgegen, welche die gesammte Basler Verwaltung charakterisirt. Wie die kantonalen Behörden zugleich Gemeindebehörden der Stadt Basel sind und bei der Verwendung der Staatsausgaben staatliche und kommunale Zwecke auf gleicher Linie stehen, so schöpft hinwiederum auch die Staatskasse ihre Mittel aus staatlichen und kommunalen Quellen zugleich. Ein reines Ausscheiden beider ist kaum möglich. Doch ist leicht ersichtlich, wie scharf die einzelnen Gruppen unserer Aufstellung sich gerade in dieser Hinsicht von einander unterscheiden. Unter den privatwirthschaftlichen Einnahmen ist die Gruppe B (Erwerbseinkünfte) fast ganz kommunaler Natur, während Gruppe A kommunale und staatliche Bestandtheile umschliesst. Die Gebühren entfliessen zum grössten Theile der reinen Staatsthätigkeit, während die Beiträge dem Bereiche des Gemeindelebens angehören. Steuergebühren (d. h. Steuern, welche in gebührenartiger Form erhoben werden) und Verbrauchsauflagen sind rein staatlichen Charakters, mit alleiniger Ausnahme der Hundesteuer, welche hier und da den Gemeinden zufällt. Aus den Schatzungen endlich sondern sich auf den ersten Blick die städtische Gemeindesteuer und die Feuerwehrsteuer als Einnahmen rein kommunaler Natur aus, während die übrigen Nummern unbedenklich für den Staat in Anspruch genommen werden dürfen. Allein es bleibt doch auch hier wieder fraglich, ob bei einer Trennung von Staats- und Gemeindeverwaltung sich nicht die Nothwendigkeit herausstellen würde, einen Theil der Einkommens- und Erwerbssteuer sowie der Vermögenssteuer für städtische Zwecke in Anspruch zu nehmen.

Versuchen wir, nach diesen Andeutungen staatliche und kommunale Einnahmen in ihrem gegenseitigen Verhältnisse festzustellen, so finden wir, dass im Durchschnitt der letzten zehn Jahre 74 Procent sämmtlicher Einnahmen aus staatlichen und 26 Procent aus städtischen Finanzquellen geschöpft wurden — ein Ergebniss, das wegen der Unmöglichkeit glatter rechnerischer Trennung beider Kategorien wohl den kommunalen Beitrag zum Gesammthaushalte etwas zu niedrig erscheinen lässt.

Im Ganzen ergibt die Uebersicht der zehn Jahresrechnungen von 1878 bis 1887 ein entschiedenes, durch die Vermehrung der Ausgaben bedingtes Anwachsen der öffentlichen Einnahmen. Allerdings ist dasselbe kein stetiges, von Jahr zu Jahr gleichmässig fortschreitendes, sondern von mancherlei erheblichen Schwankungen unterbrochen. Sehen wir indessen von den anormalen Jahren 1883, 1884 und 1886 ab und fassen blos die Anfangs- und Endpunkte ins Auge, so wuchsen von 1878 bis 1887 die gesammten Einnahmen um Fr. 2,039,271 oder 61,4 Procent. Die Bevölkerung des ganzen Kantons Basel-Stadt vermehrte sich in diesem gleichen Zeitraume nach schätzungsweiser Ermittelung (vgl. S. 9) um 13,800—14,000 Köpfe oder um 22—23 Procent. Die öffentlichen Einnahmen sind darnach relativ beinahe dreimal rascher gewachsen als die Bevölkerung — ein Ergebniss, das nur in dem Falle zu Bedenken Anlass bieten könnte, wenn nicht im gleichen Zeitraume die Staatsleistungen eine entsprechende Steigerung erfahren hätten.

Die drei letzten Spalten der Tabelle I haben bloss kalkulatorische Bedeutung. Sie wollen die durchschnittliche Betheiligung jeder einzelnen Einnahmequelle und jeder Einnahmen-Kategorie an den gesammten Einnahmen der letzten zehn Jahre veranschaulichen und zugleich ein Bild von den Schwankungen geben, denen dieselben in diesem Zeitraume unterlegen haben. Das letztere ist erreicht durch Berechnung der sogenannten Schwankungsexponenten, d. h. derjenigen Zahlen, welche angeben, um wie viel Procent die höchste und die niedrigste im Verlaufe unserer Periode vorgekommene Einnahmesumme von dem Durchschnitte aller zehn Jahre abweicht.

Derartige Abweichungen können sehr verschiedene Ursachen haben. Sie können eine natürliche Folge der Zunahme der Bevölkerung oder der Besserung, bezw. Verschlechterung der Erwerbsverhältnisse sein; sie können auch durch Veränderungen der Finanzgesetzgebung unter dem Drange steigender Anforderungen an die Steuerkraft künstlich herbeigeführt worden sein, wie mehrfach bei den wichtigsten direkten Steuern; sie können administrativen Massnahmen im Rahmen der Gesetze ihren Ursprung verdanken, wie z. B. dem Wechsel des Steuerfusses bei der Vermögenssteuer. Immerhin weisen die beiden letzten Spalten der Tabelle noch eine grosse Reihe von sehr beträchtlichen Schwankungen auf, welche auf keine dieser Ursachen zurückgeführt werden können. Sinken doch in nur sehr wenigen Fällen die höchsten und niedrigsten Abweichungen vom Durchschnitt auf unter 10 Procent desselben herab! Diese Thatsache weist so deutlich als nur möglich darauf hin, dass in einem kleinen Gemeinwesen, wie es Kanton und Stadt Basel darstellen, von ordentlichen Einnahmen im Sinne regelmässiger, von Jahr zu Jahr gleich bleibender Zuflüsse zur Staatskasse kaum die Rede sein kann. Es fehlt das ausgleichende Moment der grossen Zahl, welches für den öffentlichen Haushalt grosser Staaten von solcher Bedeutung ist; alles ist unregelmässig, dem launischen Zufall unterworfen. Der Vorausberechnung ist nur ein enger Spielraum gelassen. Darin liegt zweifellos eine grosse Gefahr für die Finanzverwaltung, welche zur äussersten Vorsicht der Budget-Aufstellung und zu ängstlicher Zurückhaltung zufälliger Überschüsse mahnt, zugleich aber auch die Belastung des öffentlichen Haushaltes mit schweren Posten dauernder Ausgaben ernstlich widerrät.

Während Tabelle I die absolute Höhe der Einnahmen gibt, zeigt Tabelle II, wie diese sich auf die 5 Hauptkategorien verteilen, wenn man die jährliche Gesammt-Einnahme = 100 setzt. Dieselbe lässt die Haupteigenthümlichkeit des Basler Einnahme-Systems, das starke Überwiegen der direkten Steuern, gut hervortreten. Das Resultat der Finanzpolitik der letzten zehn Jahre ist eine fortwährende Verstärkung dieses Übergewichtes: von 1878 bis 1887 ist der verhältnismässige Antheil der direkten Steuern an der Gesammt-Einnahme von 47,5 auf 54,1 Procent gestiegen. Und dies trotz einer sehr bedeutenden Steigerung der Einnahmen überhaupt! Von den mehr als 2 Millionen, um welche die letzteren in dem angegebenen Zeitraume gewachsen sind, treffen nicht weniger als 1 1/2 Million auf die direkten Steuern. Oder mit anderen Worten: während sich die gesammten Einnahmen von 1878 bis 1887 um 61,3 Procent vermehrten, stiegen

die direkten Steuern um . . . . . . 84,4 Procent,
die privatwirthschaftlichen Einnahmen um 69,3 „
die Gebühren und Beiträge um . . . . 32,2 „
die Steuergebühren um . . . . 16,3 „
die Ge- und Verbrauchsauflagen um . . 7,6 „

Es haben sonach zwar alle Einnahme-Kategorien[1]) 1887 absolut höhere Summen aufgebracht als 1878; aber die Steigerung der Erträgnisse ist bei den drei zuletzt genannten hinter der Gesammtsteigerung der Einnahmen erheblich zurückgeblieben. Daher das Zurücksinken der betreffenden Verhältnisziffern in Tabelle II. Nur die privatwirthschaftlichen Einnahmen haben sich

---

[1]) Das heisst die Hauptkategorien. Von den Unterabtheilungen haben die Gebühren sogar 1886 und 1887 absolut geringere Erträge geliefert als 1878—1884. Der Rückgang ist eine Folge der Aufhebung der Beerdigungsgebühren.

annähernd auf gleicher relativer Höhe gehalten. Sie machen fast ein Viertheil der ordentlichen
Einnahmen aus und bilden einen um so werthvolleren Bestandtheil des Budgets, als sie die Bevölkerung nicht oder doch nicht direkt belasten. Immerhin sind die Schatzungen um 23,1 Procent
rascher gestiegen als die Einnahmen überhaupt, mehr als doppelt so rasch wie die Gebühren und
Beiträge, viermal rascher als die Steuergebühren und mehr als zehnmal so rasch wie die Ge- und Verbrauchsauflagen.

II. Die Steuervertheilung.

1. Die Steuerlast.

Auch Tabelle III ist aus der Uebersichtstabelle I abgeleitet. Sie fasst die Hauptkategorien III — V derselben gesondert ins Auge, also alle Einnahmen steuerlichen Charakters, welche zusammen zwei Drittel bis gegen drei Viertel sämmtlicher Einnahmen ausmachen und, da sie direkt aus dem Einkommen der Bevölkerung genommen werden, allein einen zutreffenden Maßstab für die Beurtheilung der Lasten bieten, die der öffentliche Haushalt den Staatsangehörigen zumuthet. Allerdings weist unsere Tabelle diese Belastung nicht unmittelbar nach. Ihr Zweck ist ein anderer. Sie soll in einem Überblicke zeigen, wie sich die gesammte durch Steuern aufzubringende Summe auf die verschiedenen Steuerarten vertheilt und in welcher Richtung sich das Verhältniss der Steuerarten zu einander im Laufe des letzten Jahrzehnts verändert hat. In dieser Hinsicht liefert ein Blick auf die zeitliche Folge der Ziffern das durchschlagende Ergebniss, dass die Bedeutung der Steuergebühren und der Verbrauchsauflagen für die Staatskasse sich stetig vermindert hat, während der Ertrag der Schatzungen sich ebenso stetig vermehrt hat. Während noch 1878 über 1/3 sämmtlicher Steuer-Einnahmen durch Verbrauchsauflagen und Steuergebühren und 2/3 durch Schatzungen aufgebracht wurden, lieferten 1887 die beiden ersten Steuerkategorien wenig mehr als 1/5, die direkten Steuern fast 4/5 der Erträgnisse. Der relative Rückgang trifft namentlich die älteren Steuergebühren (Handänderungs- und Stempelsteuer) und die Getränke-Abgaben, die Zunahme die auf das Einkommen direkt fallenden Einkommen- und Erwerbssteuer und städtische Gemeindesteuer. Die Vermögenssteuer ist im Vergleiche dazu eher zurückgetreten, während seit 1881 der Ertrag der Erbschaftssteuer, so sehr er unter Basler Verhältnissen dem Zufall unterworfen ist, doch in Folge des Gesetzes von 1880 erheblich stärker ins Gewicht gefallen ist.

Um die relative Belastung der Bevölkerung mit Steuern zu messen, wäre es nothwendig, die Einwohnerzahl für alle in Betracht kommenden Jahre genau zu kennen. Leider lässt sich dieselbe für die Zeit vor 1880 nur annähernd unter Annahme einer gleichmässigen geometrischen Zunahme seit 1870 berechnen; für die Zeit nach 1880 lassen sich nur Schätzungen auf Grund der Angaben des Niederlassungs-Bureaus und des Verhältnisses von Geburten und Sterbefällen vornehmen. Stellen wir die so ermittelten Bevölkerungszahlen mit den Steuer-Erträgen zusammen und berechnen danach die relative Steuerbelastung, so erhalten wir folgendes Bild:

Jahr.	Einwohner des Kantons in der Mitte des Jahres.	Ertrag sämmtlicher Steuern.	Auf den Kopf der Bevölkerung entfallen:			
			an Steuern überhaupt:	an direkten Steuern:	an Gew. Verbrauchs-Auflagen:	an Steuergebühren:
		Franken.	Franken.	Franken.	Franken.	Franken.
1878 ...	60,430	2,292,018	37.93	26.08	5.24	6.61
1879 ...	62,420	2,437,468	39.05	27.53	5.06	6.46
1880 ...	64,300	2,749,040	42.75	30.81	5.18	6.76
1881 ...	65,400	2,862,722	43.77	32.51	5.20	6.—
1882 ...	66,125	2,846,768	43.05	32.74	4.89	5.42
1883 ...	67,700	2,747,009	40.57	31.94	4.51	4.12
1884 ...	69,400	2,575,635	37.11	27.90	4.29	4.92
1885 ...	70,900	3,261,675	46.—	36.76	4.32	4.92
1886 ...	72,400	4,616,015	63.76	53.50	4.62	5.64
1887 ...	74,000	3,714,166	50.19	39.30	4.61	6.28

Wenn wir von den ungünstigen Jahren 1883 und 1884 absehen, so ergibt sich ein stetiges Anwachsen der gesammten Steuerbelastung und zwar mit der Massgabe, dass nicht nur das ganze Wachsthum auf Kosten der direkten Besteuerung erfolgt, sondern dass zugleich die Belastung mit Konsumsteuern und Steuergebühren sich relativ vermindert. Während die Bevölkerung von 1878 bis 1887 um 22,4 Procent zunahm, stiegen die von ihr aufgebrachten Steuern absolut um 62,1 Procent, die relative Steuerbelastung überhaupt wuchs um 32,3 Procent, während die Belastung mit direkten Steuern um 50,7 zunahm, die Belastung mit Konsumsteuern aber um 12, diejenige mit Steuergebühren um 5 Procent sank.

Die oft aufgeworfene Frage, ob eine Steuerlast wie die in obigen Zahlen ausgedrückte hoch zu nennen sei, lässt sich allgemein nicht beantworten. Vergleiche mit der relativen Steuerbelastung der Bevölkerung grösserer Staaten sind schon aus dem Grunde unzulässig, weil unsere Ziffern Staats- und Kommunalsteuerbelastung zusammengefasst enthalten und doch nicht die ganze Steuerlast der Bevölkerung ausdrücken, indem sie ihren Antheil an den (vorzugsweise indirekten) Bundessteuern unberücksichtigt lassen. Einen einigermassen zutreffenden Vergleichungspunkt für den Stadtkanton Basel bieten nur die Ziffern für die Belastung von Stadtbevölkerungen deutscher Bundesstaaten mit Gemeinde- und partikularstaatlichen Steuern (abzüglich der Reichssteuern). Immerhin ist auch ein solcher Vergleich nur bedingt zulässig, weil in Deutschland das Verhältniss der Partikularstaaten zum Bundesstaat und demgemäss auch die finanzielle Lastenvertheilung zwischen beiden sich anders gestaltet als in der Schweiz. Trotzdem mögen einige ältere Ziffern über die Belastung der Bevölkerung grösserer preussischer Städte mit direkten (preussischen) Staats- und Gemeindesteuern hier zur Vergleichung stehen.[1]) Im Jahre 1876 kamen in sämmtlichen preussischen Städten mit über 10,000 Einwohnern an direkten Staats- und Gemeindesteuern auf den Kopf der Bevölkerung Fr. 25.74 (M. 20.59),

    in Frankfurt a. M. . . . . Fr. 48.11
    „ Köln . . . . „ 47.18
    „ Berlin . . . . „ 39.18

---

[1]) Vergl. Gersfeld, Ein Finanzreformplan für das Deutsche Reich (Leipzig 1881), S. 22 f.

in Duisburg . . . . . . Fr. 30. 02
„ Elberfeld . . . . „ 28. 48
„ Barmen . . . . „ 26. 16
„ Krefeld . . . . „ 24. 81
„ Königsberg . . . . . . „ 24. 40
„ Hannover . . . . „ 19. 04

Darnach war die Bevölkerung von Barmen im Jahre 1876 ungefähr gleich stark mit direkten Steuern belastet wie die ungleich wohlhabendere Bevölkerung von Basel im Jahre 1878. Erst im Jahre 1887 hat die letztere die relative direkte Steuerbelastung der Bevölkerung von Berlin aus 1876 erreicht und bleibt noch immer erheblich hinter der damaligen finanziellen Inanspruchnahme der Einwohner von Köln und Frankfurt zurück. Dabei ist noch zu beachten, dass in Preussen die (freilich sehr niedrige) Erbschaftssteuer gar nicht zu den direkten Steuern gezählt wird.

2. Das Steuersystem.

Die Berechnung der relativen Steuerbelastung einer Bevölkerung beruht auf blosser Abstraktion. Sie geht von der nirgends zutreffenden Voraussetzung aus, dass alle Staatsangehörigen gleich leistungsfähig seien und dem entsprechend in gleichem Maße zu den Staatslasten beitrügen. Die wirkliche Steuervertheilung weicht von diesem lediglich der statistischen Vergleichbarkeit dienenden Bilde einer gleichmässig treffenden Kopfbesteuerung weit ab. Sie gründet sich auf die thatsächliche wirthschaftliche Leistungsfähigkeit und folgt ihren Abstufungen in der Gesellschaft. Je mehr ihr dies in einem Gemeinwesen gelingt, um so mehr wird die Statistik seiner Besteuerung ein treues Bild der Gesellschaft, ihrer Gliederung und ihrer Gegensätze geben.

Darin liegt hauptsächlich der Werth und die Bedeutung der folgenden Tabellen. Zugleich wollen dieselben eine Vorstellung von der thatsächlichen Wirkung und Tragweite der Basler Gesetzgebung über die direkten Steuern geben. Sie können hier alle in Betracht kommenden Gesichtspunkte freilich nicht in einem einzigen Zahlenbilde vereinigen. Denn die Schwierigkeit der steuerlichen Erfassung der thatsächlichen wirthschaftlichen Leistungsfähigkeit gestattet nicht, die Aufgabe einer richtigen Lastenvertheilung durch eine einzige Steuer zu lösen. Die direkte Besteuerung Basels ist demgemäss ein aus drei direkten Hauptsteuern kombinirtes System, dessen einzelne Bestandtheile erst in ihrem Zusammenwirken eine der wirthschaftlichen Leistungsfähigkeit entsprechende Belastung ergeben, während unsere Tabellen Tragweite und Vertheilung jeder einzelnen dieser Steuern gesondert nachweisen müssen. Sie bieten demnach nur Ausschnitte des Gesammtbildes, nicht einen zusammenhängenden Ueberblick. Um die Nachtheile dieser statistischen Isolirung einigermassen auszugleichen, empfiehlt es sich, hier etwas Zusammenfassendes über das Basler System der direkten Besteuerung zu sagen.

Jedes rationelle System der direkten Besteuerung hat sich an die modernen Besitz- und Erwerbsverhältnisse anzuschliessen und demgemäss jede Privatwirthschaft nach Maasgabe ihrer wirklichen individuellen Leistungsfähigkeit zu belasten. Die wirthschaftliche Leistungsfähigkeit gründet sich auf das reine Einkommen des Steuersubjektes. Dieses Einkommen kann ein dauerndes oder vorübergehendes sein; es kann aus Arbeit herrühren, oder aus Kapitalnutzung, oder aus beiden zugleich. Dauernd gesichertes Einkommen ist hervorragend und nachhaltig leistungsfähig, vorübergehendes in geringerem Grade und nur im Momente seines Eintretens, hier aber oft in um so höherem Maße, je mehr es den Charakter des Glücksfalles trägt. Einkommen aus Vermögen ist leistungsfähiger als Einkommen aus Arbeit. Die steuerliche Leistungsfähigkeit sinkt auf Null herunter, sobald das Einkommen die zur Bestreitung des Nothbedarfes erforderliche Höhe nicht überschreitet. Von da ab aufwärts wächst sie nicht proportional der Höhe des Einkommens, sondern in grösserem Maßstabe. Individuelle Lebensumstände können auch im Falle der Steuerfähigkeit die Leistungsfähigkeit wesentlich beeinträchtigen; sie können die Grenzen des Nothbedarfs (Existenzminimum) nach der einen oder der andern Seite verschieben.

Aus diesen von der Theorie anerkannten Sätzen ergeben sich fünf Principien der direkten Besteuerung: 1. angemessene Erfassung nicht bloss des dauernden, sondern auch des vorübergehenden Einkommens, 2. stärkere Belastung des aus Vermögen stammenden (fundirten) als des durch Arbeit erworbenen (nichtfundirten) Einkommens, 3. Freilassung des Existenzminimums, 4. Anwendung des progressiven Steuerfusses und 5. Berücksichtigung der individuellen Lebensverhältnisse.

Die Basler Gesetzgebung über die direkten Steuern hat es verstanden, allen diesen Forderungen gerecht zu werden, freilich den verschiedenen in verschiedenem Maße. Sie hat zu diesem Ziele scheinbar einen Umweg eingeschlagen, indem sie drei verschiedene Einkommensteuern mit einander verband: die Einkommens- und Erwerbssteuer, die Vermögenssteuer und die städtische Gemeindesteuer. Dieser Umweg aber führt sicher zum Ziele.

Die Einkommens- und Erwerbssteuer trifft alles Einkommen, einerlei aus welcher Quelle es stammt und in welcher Form es in die Wirthschaft des Steuerpflichtigen eingetreten ist, nach Maßgabe der genauen, durch Selbsttaxation ermittelten Wirthschaftsergebnisse des letztvorgangenen Jahres. Sie ist auf diesem Wege im Stande, den in einer Handels- und Industriestadt so einflussreichen Schwankungen der Erwerbsverhältnisse auf dem Fusse zu folgen. Sie gestattet dem Kaufmann oder Industriellen, dessen Jahresbilanz einen Verlust ergeben hat, für dieses Jahr steuerfrei zu bleiben, während sie auf der andern Seite hohe Gewinne, wie sie vorübergehende Konjunkturen herbeiführen, in vollem Umfange dem gemeinen Säckel pflichtig macht. Der Steuerfuss wird genau an den Betrag des letzten Jahreseinkommens angelegt. Die Erhebung erfolgt im Monat April, nachdem alle Privatrechnungen abgeschlossen sind, und zwar ist die ganze Steuersumme auf einmal zu entrichten.

Die städtische Gemeindesteuer (früher „Sicherheitsgebühr") ist gleichfalls eine Einkommensteuer. Subjekt und Objekt sind ihr, äusserlich betrachtet, mit der Einkommens- und Erwerbssteuer gemeinsam. Allein sie trifft nicht das wirkliche Einkommen eines bestimmten Jahres, sondern das Durchschnittseinkommen längerer Perioden. Sie lässt vorübergehende Gewinne zunächst frei, gestattet aber auch nicht Verluste in Abzug zu bringen. Es ist die dauernde Leistungsfähigkeit, wie sie sich aus der ganzen wirthschaftlichen Lage und socialen Stellung des Besteuerten ergibt, die sie zu erfassen sucht, nicht die Jahresschwankungen der Bedarfsdeckung, denen sie mit ihren Mitteln nicht zu folgen vermag. Darum verzichtet sie auf eine auch im Kleinen genaue Ermittlung des Gesamteinkommens durch Selbsteinschätzung; ihr

Steuerfuss folgt nicht den Einkommenssummen bis in die Zehner- und Einerstellen. Sie lässt vielmehr die Steuerpflichtigen durch eine Kommission in grosse Klassen einschätzen, deren Grenzen ziemlich weit gegriffen sind. Jeder Klasse entspricht ein fester Steuersatz, den jeglicher derselben angehörige Steuerpflichtige gleichmässig zu entrichten hat, mag sein Einkommen an der oberen oder der unteren Grenze der Klasse liegen. Die Erhebung erfolgt in Vierteljahresraten; denn es handelt sich nicht um eine Abgabe, die jeder von seinem Jahresgewinn oder Arbeitsertrage an die Staatskasse abführt, sondern um eine Ausgabe für öffentliche Zwecke, die er entsprechend seiner gesammten Klassenlage und privaten Bedarfsdeckung zu machen schuldig ist.

Auch die Vermögenssteuer ist im Wesentlichen nichts anderes als eine Einkommenssteuer. Aber sie trifft nur eine bestimmte Art des Einkommens, das Einkommen aus Vermögen, das Renteneinkommen, während sie das Einkommen aus Arbeit unberührt lässt. Die Vermögenssteuer hat ihren Namen daher, dass sie das Vermögen zur Bemessungsgrundlage nimmt. Sie wird so das Mittel, durch welches der Gesetzgeber die stärkere Belastung des fundirten Einkommens bewirkt. Aber sie dient ihm zugleich auch dazu, die höhere Leistungsfähigkeit des dauernden Einkommens zum Ausdruck zu bringen. Sie ist in dieser letzteren Hinsicht verwandt mit der städtischen Gemeindesteuer; aber sie ist doch weit entfernt davon, das dauernde Einkommen schlechthin mit doppelten Ruthen zu züchtigen. Dauerndes Einkommen muss nicht nothwendig aus Vermögen entspringen; auch lebenslänglich verliehene Aemter, Pensionen, Leibrenten u. dgl. gewähren ihren Empfängern eine nachhaltig gesicherte Bedarfsdeckung; ja selbst der Durchschnittsertrag von Handelsgeschäften und Gewerben trägt bei geordneter Wirthschaftsführung eine gewisse Gewähr der Dauer in sich. Der Unterschied zwischen diesen dauernden Arbeits- und Geschäfts-Einkommen und den Einkommen aus Vermögen liegt nur darin, dass erstere insgemein mit dem Tode des Empfängers hinfällig werden, während bei letzteren die Fortexistenz der Rentenquelle den Fortbezug des Einkommens unabhängig von der Existenz des zeitigen Inhabers gewährleistet.

Diesem feinen Unterschiede ist die Basler Steuergesetzgebung in sehr glücklicher Weise gerecht geworden. Einkommen schlechthin, einerlei ob dauernd oder vorübergehend, ob aus Arbeit oder Rente oder Geschäftsgewinn, trifft sie durch die Einkommens- und Erwerbssteuer in seinem vollen ziffermässigen Betrage. Für vorübergehendes Einkommen bleibt diese die einzige Steuer. Dauerndes Arbeitseinkommen unterliegt zugleich dieser und in seinem ungefähren Durchschnittsbetrage der städtischen Gemeindesteuer. Renteneinkommen erfährt eine dreifache Besteuerung, indem für dieses zu den beiden genannten noch die Vermögenssteuer hinzutritt. Auch dauerndes Geschäftseinkommen untersteht dieser dreifachen Belastung, soweit es nicht auf Arbeit, sondern auf Vermögensnutzung beruht.

Eben weil die Vermögenssteuer das leistungsfähigste dauernde Einkommen trifft, kann sie auf einmal in ihrem gesammten Betrage gegen Ende des Steuerjahres erhoben werden. Das Gesetz rechnet auf eine præsente Steuerbereitschaft, indem es voraussetzt, dass der Rentenempfänger seine nothwendigen Bedürfnisse aus seinem Arbeitserwerb zu bestreiten vermag und die Rente des Vermögens zu beliebiger Verwendung frei behält. Die Veranlagung erfolgt nicht nach dem ziffermässig genauen Vermögensbetrage, sondern, wie bei der städtischen Gemeindesteuer, nach Klassen mit abgerundeten, zwischen weiten Grenzen liegenden Stufenbeträgen, nur mit dem

Unterschiede, dass ein steigender Steuerfuss an die Unterstufe jeder Klasse angelegt wird, nicht aber für jede Klasse feste Sätze bestehen. Diese eigenthümliche Einrichtung hat den Zweck, den Pflichtigen die Schwierigkeiten einer genauen Vermögensschätzung zu ersparen, um ihre Gewissenhaftigkeit nicht auf eine allzu peinliche Probe zu stellen. Sie drückt zugleich aus, dass es dem Gesetzgeber auch hier wesentlich darauf ankam, die ganze wirthschaftlich-sociale Klassenlage des Steuerpflichtigen in Anschlag zu bringen, die sich ja keineswegs in der mathematisch genauen Vermögensziffer documentirt.

Die zuletzt angedeutete Rücksicht ist auch wohl hauptsächlich der Grund, weshalb die Basler Vermögenssteuer in der Praxis wesentlich zu einer Vermögensrentensteuer geworden ist, was sie streng genommen weder nach dem Wortlaute des Gesetzes, noch nach den Forderungen der Theorie ausschliesslich sein soll. Das Gesetz unterwirft „alles in und ausser dem Kanton befindliche bewegliche und unbewegliche, nach Abzug der Schulden bleibende Vermögen eines im Kanton wohnhaften Bürgers oder Niedergelassenen" der Besteuerung, also Gebrauchs- und Nutzvermögen sowohl als Kapital; befreit sind bloss „die von den Steuerpflichtigen benutzten Haus- und Feldgeräthschaften". Die Worte erlauben allerdings eine weite Auslegung; aber sie gestatten streng genommen weder den Silberschatz oder die Equipage des reichen Hauses, noch die Gemäldesammlung oder Bibliothek des Liebhabers, noch das Werkzeug des Gewerbetreibenden, noch das Geschäftsinventar des Kaufmannes von dem steuerbaren Vermögen auszunehmen. Wenn sich trotzdem in der Praxis eine gewisse Neigung offenbart, auch solche Vermögenstheile abzurechnen und die Steuerfreiheit auf eine in jedem Falle der socialen Stellung des Besteuerten angemessene Ausstattung mit Nutzvermögen auszudehnen, so gibt sich darin wieder nur jene allen todten Mechanismus feindliche Auffassung zu erkennen, welche das ganze Basler Steuerwesen charakterisirt. Der Steuerpflichtige tritt dem besteuernden Staate als lebendige wirthschaftliche Persönlichkeit gegenüber, welche in demselben Maße und Umfange, wie sie zu den öffentlichen Lasten herangezogen wird, ihre privaten Bedürfnisse zu decken beansprucht. So lange die private Gebrauchsbestimmung des Vermögens den Boden des social Angemessenen nicht verlässt, hat die behördliche Steuerpraxis schwerlich Veranlassung hier einzugreifen; aber sie hat allen Grund, den unfruchtbaren Luxus, der beträchtliche Vermögensbeträge dem Privatvergnügen oder blosser Laune und Liebhaberei unbeweglich macht, nicht günstiger zu behandeln als die umsichtige Betriebsamkeit, welche sie produktiver Verwendung zuführt.

Mit diesem vielleicht schon etwas zu weitläufig erörterten Punkte haben wir bereits den dritten der oben aufgestellten Besteuerungsgrundsätze berührt: die Freilassung des Existenzminimums. Dieselbe findet bei allen direkten Steuern statt, bei jeder einzelnen aber wieder in charakteristisch verschiedener Weise. Hier und bei der gleich über dem Existenzminimum liegenden Einkommensstufe ist zugleich auch der einzige Punkt, wo die Basler Steuergesetzgebung individuelle Lebensumstände, welche die Leistungsfähigkeit schwächen, berücksichtigt. Als solche werden betrachtet: Verheiratung mit eigenem Haushalt, Verwitwung mit unerwachsenen Kindern und zwar mit Unterscheidung der verschiedenen Erwerbsfähigkeit von Witwer und Witwen, bei der Vermögenssteuer auch Verwaisung.

Das System ist am weitesten durchgebildet bei der Einkommens- und Erwerbsteuer. Von dieser sind nämlich laut § 2 des Gesetzes von 1880, welches für unseren Zeitraum massgebend ist, befreit ausser Almosengenössigen und weiblichen Dienstboten:

1. Personen ledigen Standes, wenn ihr Einkommen im betreffenden Jahre Fr. 600 nicht übersteigt;
2. Verheiratete, welche eigenen Haushalt führen, und Witwer, welche mit unerwachsenen Kindern in gemeinsamem Haushalte leben, wenn ihr Einkommen im betreffenden Jahre Fr. 1200 nicht übersteigt;
3. Witwen, welche mit unerwachsenen Kindern in gemeinsamem Haushalte leben, wenn ihr Einkommen im betreffenden Jahre Fr. 1500 nicht übersteigt.

Das Gesetz von 1866 hatte die steuerfreien Einkommen etwas niedriger normirt, für die beiden ersten Kategorien auf 500, für Witwen und Waisen auf 800 Franken, während das gegenwärtig in Kraft befindliche Gesetz vom 21. März 1887 das steuerfreie Existenzminimum für Ledige auf 1200, für Verheiratete und Witwer auf 1500 und für Witwen auf 1800 Franken erhöht hat.

Die städtische Gemeindesteuer kannte bis 1882 eine Befreiung wegen zu geringen Einkommens nicht. Durch Grossrathsbeschluss vom 30. Oktober des genannten Jahres wurden alle Personen, deren Gesammteinkommen 800 Franken nicht übersteigt, ohne Rücksicht auf den Civilstand, befreit und diese Bestimmung ist auch in das Gesetz von 1887 übergegangen.

Auch die Vermögenssteuergesetze versuchen das Princip des freien Existenzminimums in Anwendung zu bringen, dasjenige von 1866 mit niedrigeren, diejenigen von 1880 und 1887 mit höheren Sätzen. Nach den beiden letzteren ist der Vermögenssteuer nicht unterworfen:
1. jedes Vermögen, welches den Betrag von Fr. 5000 (1866: 3000) nicht erreicht;
2. das Vermögen von Witwen mit minderjährigen Kindern, welches den Betrag von Fr. 20,000 (1866: 15,000), sowie jedes elternlosen minderjährigen Kindes, welches Fr. 6000 nicht übersteigt.

Die Steuerfreiheit gilt nur für Einkommen, bzw. Vermögen, welche den gesetzlich bestimmten Minimalbetrag nicht übersteigen. Die Basler Gesetzgebung kennt also die in anderen schweizerischen Kantonen vorkommende Einrichtung nicht, nach welcher ein den Nothbedarf darstellender Betrag auch von jedem steuerfähigen Einkommen, bzw. Vermögen in Abzug gebracht werden darf. Nur in der Befreiung der Hausgeräthschaften von der Vermögenssteuer streift sie die hier zu Grunde liegende Anschauung.

Der progressive Steuerfuss findet bei sämmtlichen drei direkten Steuern Anwendung, allerdings bei den einzelnen in verschiedener Weise. Bei der Einkommens- und Erwerbssteuer steigt er von $^1/_2$ Procent des letzten Jahreseinkommens in der niedersten Stufe bis gegen 4 Procent in den höchsten Stufen, ohne freilich je dieses Verhältnis zu erreichen. Bei der städtischen Gemeindesteuer schwankt er ungefähr zwischen den Grenzen von $^1/_2$ und $1^1/_2$ Procent des Durchschnitts-Einkommens. Der Fuss der Vermögenssteuer war bis 1887 proportional und betrug von 1866—1880 $1^1/_2$, von 1881—1887 1 vom Tausend des Vermögens (bei einfachem Ansatze). Durch das Gesetz von 1887 ist auch für diese Steuer die Progression eingeführt worden, welche mit eins vom Tausend beginnt, aber niemals zwei vom Tausend völlig erreicht. Unter Voraussetzung eines Zinsertrages des Vermögens von 4 Procent würde dies einem Einkommenssteuerfusse von $2^1/_2$ bis gegen 5 Procent entsprechen. Das Nähere wird weiter unten bei Betrachtung der einzelnen Steuern erörtert werden. Hier sei vorläufig auf die schematische Veranschaulichung dieser progressiven Steuerflüsse in Tabelle XX verwiesen. Dort ist auch gezeigt, wie dieselben in ihrem Zusammenwirken Einkommen von verschiedener Art und Höhe belasten.

Obwohl gewiss manche Einzelheiten in den Einrichtungen der drei direkten Hauptsteuern Basels nicht einwurfsfrei sind, so dürften doch die vorstehenden Auseinandersetzungen gezeigt haben, dass dieselben ein wohl überlegtes, eng zusammenhängendes System bilden, welches als Ganzes diejenigen Grundsätze ernstlich zu verwirklichen sucht, von denen eine Steuervertheilung nach der wirklichen Leistungsfähigkeit bedingt ist. Dieses System gilt freilich in seiner vollen Ausdehnung nur für die Stadt Basel, da die Landgemeinden der städtischen Gemeindesteuer nicht unterworfen sind. Die letzteren umfassen indessen zusammen noch nicht 6 Procent der Kantonsbevölkerung. Wir durften dieselben deshalb in der speciellen statistischen Darlegung der Einsteuerungsergebnisse, zu welcher wir uns nunmehr wenden, unberücksichtigt lassen. Die nachfolgenden Bemerkungen beziehen sich, wie die Tabellen, zu deren Erläuterung sie bestimmt sind, ausschliesslich auf die **städtische Bevölkerung**.

3. Die Einkommens- und Erwerbssteuer.

Die Tabellen IV und V stellen die Vertheilung der Einkommenssteuer[1] auf sechs nach der Höhe des Steuerbetrags gebildete Klassen von Pflichtigen dar, die erste in absoluten Zahlen, die andere in Verhältnissziffern. Wegen der tiefgreifenden Veränderungen der Veranlagung dieser Steuer in den Gesetzen von 1880 und 1887 war es nicht möglich, für eine grössere Reihe von Jahren vergleichbare Ziffern zu gewinnen. In unserer Zusammenstellung beziehen sich die Zahlen in den einzelnen Jahresspalten auf die in den betr. Jahren für das Einkommen des Vorjahres gezahlte Steuer. Die Spalte für 1886 enthält also die Ergebnisse der Steuererhebung vom April 1886 für das Einkommen von 1885. In jeder Tabelle bezieht sich die obere Hälfte auf die Zahl der Steuerpflichtigen, die untere auf die Höhe des von ihnen aufgebrachten Steuer-Ertrags. Ausserdem hat man sich noch Folgendes gegenwärtig zu halten.

Nach dem Gesetze betr. die direkten Steuern vom 31. Mai 1880, welches für die Einkommens- und Erwerbssteuer in der ganzen von uns dargestellten Periode massgebend ist, sind gewisse Kategorien von Personen von dieser Steuer befreit, nämlich Ledige mit nicht über 800, Verheiratete und Witwer mit nicht über 1200, und Wittwen mit Kindern, sobald sie nicht über 1500 Fr. reines Einkommen im vorausgegangenen Jahre gehabt haben. Diese Personen entfallen aus unserer statistischen Darstellung. Wie gross ihre Zahl ist, lässt sich leider nicht feststellen. Es ist desshalb auch nicht möglich, das Verhältniss der Einkommensteuerpflichtigen zu der Gesammtbevölkerung zu bestimmen, obwohl dies für die Bemessung der Tragweite des Steuergesetzes von höchster Bedeutung wäre. Man könnte freilich daran denken, die Zahl der wegen zu geringen Einkommens von der Steuer Befreiten, wenigstens für 1881, auf Grund der Ergebnisse der Volkszählung vom 1. December 1880 zu berechnen. Denn da die Steuer für 1881 nur von demjenigen Einkommen entrichtet wurde, welches von den vor dem 1. Oktober 1880 in der Stadt

---

[1] Der Kürze halber statt „Einkommens- und Erwerbssteuer". Ebenso gebrauchen wir den Ausdruck „Gemeindesteuer" für „Städtische Gemeindesteuer".

Ansässigen bezogen wurde, so brauchte man die Bevölkerungsziffern vom 1. December 1880 nur nach der jährlichen Vermehrungsquote des Zeitraums von 1870—1880 auf den 1. Oktober letztgenannten Jahres zu reduciren, um eine Ziffer zu erhalten, welche mit der Zahl der Steuerpflichtigen von 1881 verglichen werden darf. Allein einer solchen Vergleichung tritt eine unüberwindliche Schwierigkeit in den Weg. Wir kennen nicht die Zahl der Familienangehörigen der Steuerpflichtigen. Erst wenn diese ermittelt wäre, liesse sich die steuerpflichtige Bevölkerung von der Gesammtbevölkerung abziehen und ihr Verhältniss zur nichtsteuerpflichtigen Bevölkerung feststellen.

Nun könnte man meinen, die Zahl der Steuerpflichtigen sei gleich zu achten der Zahl der Haushaltungen, indem jeder Steuerzahler auch als Vorstand einer Haushaltung anzusehen wäre. Die Zahl der Haushaltungen in der Stadt Basel belief sich am 1. December 1880 auf 12,826, am 1. Oktober desselben Jahres auf etwa 12,720, die Zahl der Einkommensteuerpflichtigen im April 1881 auf 7140. Dies ergäbe 56 Procent der Haushaltungen, so dass die nichtsteuerpflichtige Bevölkerung 44 Procent ausmachen würde. Allein die Voraussetzung, auf welche diese Berechnung sich stützt, ist eine unrichtige, da es auch Steuerpflichtige gibt, welche keine eigene Haushaltung führen. Das Procentverhältniss der Steuerpflichtigen ist zu hoch, dasjenige der Nichtsteuerpflichtigen zu niedrig.

Die hier berührte Frage ist indessen zu wichtig, als dass wir uns bei diesem unsicheren Ergebniss beruhigen könnten. Vielleicht aber, dass ein anderer Weg uns dem Ziele näher führt. Die städtische Gemeindesteuer, sowie sie in den Jahren 1881 und 1882 erhoben wurde, umfasste einen weit grösseren Personenkreis als die Einkommens- und Erwerbsteuer. Ihr war damals unterworfen „jeder Einwohner der Stadtgemeinde Basel, welcher das zwanzigste Altersjahr zurückgelegt hatte und Einkommen aus Vermögen, persönlichem Erwerb, Betrieb eines Berufes, Geschäftes oder Gewerbes hatte, oder Besoldung, Leibrente, Pension oder ähnliche Nutzung genoss". Ausgenommen waren nur fremde Studenten und Schüler, weibliche Dienstboten ohne eignen Haushalt und Almosengenössige. Der Einkommens- und Erwerbsteuer dagegen unterstanden und unterstehen:

"1. Die Bürger und Niedergelassenen, welche im Kanton ihren Wohnsitz haben, von ihrem sämmtlichen jährlichen Einkommen und Erwerb;
2. die auswärts wohnenden Inhaber, sowie Antheilhaber und Kommanditäre von Geschäften, welche im hiesigen Kanton betrieben werden, von dem Einkommen, das ihnen aus solchen Geschäften zufliesst;
3. die auswärts wohnenden Eigenthümer von Liegenschaften auf hiesigem Gebiet von dem Einkommen, welches ihnen aus solchen Liegenschaften zufliesst;
4. auswärts Wohnende, von dem Einkommen aus Vermögen, das hier vormundschaftlich verwaltet wird, soweit die hiesige Steuerhoheit nicht durch Bundesgesetz oder Bundespraxis beschränkt ist."

Eine Altersgrenze ist hier nicht festgesetzt. Da indessen die Ausnahmen von der Steuerpflicht, abgesehen vom Existenzminimum, ähnlich normirt sind wie bei der Gemeindesteuer, so darf angenommen werden, dass in dieser Hinsicht bei der Einsteuerung die gleichen Grundsätze befolgt wurden. Somit umfasste die städtische Gemeindesteuer in den Jahren 1881 und 1882 folgende Personenkategorien, welche der Einkommensteuer nicht unterlagen:

— 17 —

1. sämmtliche Aufenthalter,
2. die Bürger und Niedergelassenen, welche das steuerpflichtige Einkommen von 800, bzw. 1200 und 1500 Fr. nicht erreichten.

Sie ergriff aber auch gewisse Personenkategorien nicht, welche die Einkommensteuer entrichteten, nämlich die oben unter Ziffer 2—4 bezeichneten Auswärtigen. Da indess die Zahl der letzteren schwerlich eine sehr beträchtliche ist, so dürfen wir sie hier zunächst unberücksichtigt lassen und vorläufig annehmen, dass die städtische Gemeindesteuer des letzten Quartals von 1881 alle diejenigen Basler Einwohner umfasste, welche für die im April 1882 erhobene Einkommens- und Erwerbssteuer in Betracht gekommen wären, wenn ihr Einkommen die erforderliche Höhe erreicht hätte. Es ist dabei von dem flüssigen Unterschiede zwischen Aufenthaltern und Niedergelassenen abgesehen.

Im vierten Quartal 1881 wurden zur städtischen Gemeindesteuer eingeschätzt:

Bürger und Niedergelassene 15,936
Aufenthalter 3,170
Zusammen . . . 19,106 Personen.

Im April 1882 unterlagen der Einkommenssteuer für das Jahr 1881: 7211 Personen. Das ergibt 37,7 Procent der Gemeindesteuerpflichtigen, bzw. der Bevölkerung oder 45,3 Procent der gemeindesteuerpflichtigen Bürger und Niedergelassenen. Die Zahl der von der Einkommens- und Erwerbssteuer Befreiten hätte darnach 62,3 Procent der Bevölkerung, die Zahl der befreiten Bürger und Niedergelassenen 54,7 Procent aller in Betracht kommenden Personen dieser Kategorie umfasst.

Auch die so gewonnenen Verhältnisszahlen sind nicht einwurfsfrei. Bei der Vergleichung der Einkommensteuer zahlenden Bürger und Niedergelassenen mit den zur Gemeindesteuer eingeschätzten Bürgern und Niedergelassenen ist ausser Acht gelassen worden, dass erstere einen Bestandtheil mit enthalten, welcher bei letzteren fehlt: die auswärts wohnenden Geschäftsinhaber, Liegenschaftsbesitzer etc. Es werden darnach nicht 45,3 Procent der Bürger und Niedergelassenen Einkommensteuer gezahlt haben, sondern weniger, und die Zahl der befreiten Personen dieser Kategorie wird sich höher als 54,7 Procent gestellt haben. Wie klein oder gross der Fehler aber auch sein mag, das steht ausser Zweifel, dass im Jahre 1881 mehr als die Hälfte aller Bürger und Niedergelassenen das steuerpflichtige Einkommen von 800 Fr. bei Ledigen, 1200 bei Verheirateten und Witwern und 1500 bei Witwen nicht erreicht hat.

Die erwähnte Ungenauigkeit lastet nicht in gleichem Masse auf der Ziffer für das Verhältniss der Einkommensteuerpflichtigen zur Gesammtzahl der Gemeindesteuerpflichtigen. Denn wir dürfen annehmen, dass unter den Aufenthaltern eine gewisse Zahl ein das Existenzminimum der Einkommenssteuer übersteigendes Einkommen bezog.[1]) Diese Personen würden bei einer Ausdehnung der Einkommenssteuer auf alle Einwohner den 7211 Bürgern, Niedergelassenen und Fremden zugewachsen sein. Dadurch wird nun offenbar der Fehler, welcher mit der Einrechnung

---

[1]) Waren doch im IV. Quartal 1881 allein 34 Aufenthalter mit einem Einkommen von je 1500—3000 Fr. und 2 mit je 3000—6000 Fr. zur Gemeindesteuer eingeschätzt.

der auswärtigen Steuerzahler begangen ist, einigermassen kompensirt. Wir dürfen darnach sagen: über drei Fünftel der Gemeindesteuerpflichtigen zahlten keine Einkommenssteuer für 1881.

Heisst das nun, dass über drei Fünftel der Bevölkerung das steuerpflichtige Einkommen nicht erreichten, also nach Annahme des Gesetzes sich in dürftigen Umständen befanden? Schwerlich. Denn es liegt auf der Hand, dass hinter den steuerpflichtigen Bürgern und Niedergelassenen eine weit grössere Zahl von Familienangehörigen stehen musste als hinter den meist unverheirateten Aufenthaltern. Die Verhältnisziffer der in die Einkommensteuer fallenden Bevölkerung dürfte nach dieser Erwägung etwas nach oben, diejenige der von derselben befreiten um eben so viel nach unten zu verschieben sein. Freilich nicht viel; denn unter die oben für die Bürger und Niedergelassenen allein gefundene Zahl 54,7 kann sie nicht sinken.

Die Thatsache hat für denjenigen, dessen Auge an das statistische Bild der Einkommensvertheilung in grösseren Städten gewöhnt ist, nichts Erschreckendes; aber sie kann doch davor bewahren, das oft gehörte Wort von der grossen Wohlhabenheit Basels in dem Sinne einer über alle Klassen der Bevölkerung sich erstreckenden behäbigen Lage zu verstehen. Vergleichen wir mit den obigen Ziffern die Verhältnisse von Frankfurt a. M., das unter den deutschen Städten sich eines ähnlichen Rufes erfreut wie Basel unter den schweizerischen, so finden wir, dass im Finanzjahr 1885/86 in Frankfurt bei einer Bevölkerung von 160.050 Personen 90,080 (Steuerpflichtige und Familienangehörige) wegen eines Einkommens von unter 900 Mark von der Klassensteuer befreit waren. Das sind 56,3 Procent der Bevölkerung. Da die Summe von 900 Mark ungefähr dem Existenzminimum der Basler Einkommens- und Erwerbssteuer nach dem Gesetze von 1880 entspricht, so stellt sich somit für Frankfurt eine in diesem Punkte ganz ähnliche Einkommensvertheilung heraus wie für Basel, ja vielleicht ist die erstere noch etwas günstiger als die letztere.

Fast noch wichtiger als die Frage nach dem ziffermässigen Verhältnisse der Steuerzahler zu den Steuerunfähigen ist die andere Frage, ob sich dieses Verhältniss im Laufe unserer Periode zum Guten oder zum Schlimmen verändert hat. Direkt vermögen wir diese Frage nicht zu beantworten, da wegen der Veränderung des Gesetzes in Hinsicht der städtischen Gemeindesteuer von 1883 ab uns die Vergleichungsziffern fehlen. Wohl aber können wir uns auf einem Umwege dem gesuchten Ziele nähern, indem wir die Frage beantworten, ob die Zahl der Einkommensteuerpflichtigen sich rascher oder langsamer vermehrt hat als die Zahl der Einwohner. Die Zahl der Einkommensteuerpflichtigen stieg von 1881 bis 1886 von 7211 auf 8430, d. h. um 1219 Personen oder 16,9 Procent; in dem gleichen Zeitraume wuchs die Bevölkerung nach ungefährer Schätzung um 7100 Personen oder 11,5 Procent. Es ist möglich, dass diese Schätzung zu niedrig ist; immerhin liegt bei dem grossen Abstande der beiden Verhältnissziffern eine hohe Wahrscheinlichkeit für das raschere Anwachsen der Steuerfähigen vor.

Betrachten wir nunmehr die Tabellen IV und V im Einzelnen, so bedürfen dieselben kaum einer weitläufigen Erklärung. Die Eintheilung der Klassen schliesst sich eng an die Bestimmungen des Gesetzes von 1880 an. Nach § 3 desselben bezahlten

1. eine feste Steuer von Fr. 5:

a) Personen ledigen Standes bei einem Einkommen von über Fr. 800 bis Fr. 1200;

b) Verheiratete, welche eigenen Haushalt führen, und Witwer, welche mit unerwachsenen Kindern in gemeinsamem Haushalte leben, bei einem Einkommen von über Fr. 1200 bis Fr. 1500.

2. Eine feste Steuer von Fr. 10 bezahlten:
   a) Personen ledigen Standes bei einem Einkommen von über Fr. 1200 bis Fr. 1500;
   b) Verheiratete, welche eigenen Haushalt führen, Witwer, welche mit unerwachsenen Kindern in gemeinsamem Haushalte leben und Witwen mit minderjährigen Kindern bei einem Einkommen von über Fr. 1500 bis 1800.

3. Die Steuerpflichtigen, deren Einkommen in den unter a und b genannten Fällen Fr. 1500, bzw. Fr. 1800 übersteigt, zahlten nach folgender Vorschrift:
   von dem Einkommen bis Fr. 4000: 1 vom 100,
   vom Mehrbetrage bis Fr. 4000 (Gesammteinkommen bis Fr. 8000): 2 vom 100,
   vom Mehrbetrage bis Fr. 4000 (Gesammteinkommen bis Fr. 12,000): 3 vom 100,
   vom Mehrbetrage (Gesammteinkommen über Fr. 12,000): 4 vom 100.

Der Steuerfuss ist darnach ein ziemlich komplicirter. Er besteht aus zwei progressiven Klassensteuersätzen für die niedersten, nach den Civilstandsverhältnissen der Pflichtigen verschieden bemessenen Einkommensstufen und einer in procentualen Sätzen den Einkommensbeträgen folgenden Progressivscala, die alle höheren Einkommen, jedoch ohne Berücksichtigung persönlicher Umstände, trifft. Dieselbe beginnt mit Einem vom Hundert und steigt bis vier vom Hundert auf Einkommensstaffeln von je 4000 Franken empor, so jedoch, dass die unteren Staffeln auch der höchsten Einkommen bloss die niederen Procentsätze tragen und nur was 12,000 Franken übersteigt mit 4 vom Hundert herangezogen wird. Auf diese einfache Weise wird ein ganz allmähliches Aufsteigen der Progression erzielt und ihr eine Grenze gesetzt, der sie sich zwar nähern, die sie aber nie erreichen kann.

Aus diesen Bestimmungen ergeben sich unmittelbar die sechs Klassen der Tabellen. Es wäre wünschenswerth gewesen, statistisch etwas tiefer in das Detail der Einkommensvertheilung eindringen zu können, als es die steifen officiellen Rubriken zuliessen; auch hätten in Klasse I und II die Zahlen der Ledigen und der Verheirateten und Verwitweten besonders ausgeworfen werden sollen. Indessen hat die Einfachheit des Bildes, welches durch die Beschränkung der Rubrikenzahl gewonnen wird, auch ihre grossen Vorzüge.

Fassen wir zunächst die Endsummen der beiden Abtheilungen von Tabelle IV ins Auge, so fällt uns auf, dass zwar die Zahl der Steuerpflichtigen von Jahr zu Jahr ohne irgend einen Rückschlag gewachsen ist, nicht aber die Höhe des Steuerertrags. Dieser sinkt vielmehr von 1881—1884, um erst allmählich wieder die frühere absolute Höhe zu erklimmen. Bei einer Steuer, welche, wie die vorliegende, in ihrem Ertrage jedes Jahr von der Geschäftsbilanz der Kaufleute und Fabrikanten abhängig ist, haben derartige zeitweilige Depressionen nichts Auffallendes, zumal wenn sie, wie hier, mit grösseren Erwerbsstockungen zusammen fallen. Sehr beachtenswerth ist indessen, dass der Rückgang fast ausschliesslich die grossen Einkommen betroffen hat. Während von 1881—1884 der Gesammtertrag der Einkommensteuer um 15,3 Procent sank, verminderte sich der Ertrag in der obersten Klasse (Einkommen von über 12,000 Fr.) um 20 Procent. Gleichzeitig stieg die Zahl der Steuerpflichtigen überhaupt um 7,3, in der obersten Klasse um 7,3

Procent. Freilich ist dann auch von 1884—1887 der Ertrag in dieser Klasse um 30,₄, die Zahl der Pflichtigen um 17,₃ Procent gewachsen, während der Gesammtertrag nur eine Steigerung von 26,₄ und die Zahl der Besteuerten eine solche von 9,₅ Procent aufweist. Vergleichen wir, um für die ganze Bewegung der sieben Jahre einen Ausdruck zu gewinnen, die Anfangs- und Endziffern mit einander, so vermehrten sich von 1881—1887 die Steuerzahler zwar um 18,₁ Procent, aber die von ihnen entrichtete Steuer stieg nur um 6,₇ Procent.

Daraus ist mit Nothwendigkeit zu schliessen, dass von 1881 bis 1887 der Durchschnittsbetrag der auf je einen Pflichtigen entfallenden Steuer und weiterhin die durchschnittliche Höhe des von jedem bezogenen, bzw. versteuerten Einkommens kleiner geworden sein muss. Dieses Resultat lässt sich auch direkt gewinnen, indem man die Zahl der Steuerpflichtigen jedes Jahres mit der von ihnen aufgebrachten Steuersumme vergleicht. Hiebei ergibt sich, dass im Durchschnitt jeder Steuerzahler entrichtete:

in den Jahren	1881	1882	1883	1884	1885	1886	1887
Franken . .	156	150	129	122	123	123	141

Das durchschnittliche Einkommen, welches auf jeden Steuerzahler entfällt, lässt sich natürlich aus diesen Ziffern nicht ableiten. Es bedarf dazu einer etwas umständlichen Berechnung, welche wegen der verschiedenen in den beiden untersten Steuerklassen zusammengefassten Einkommensstaffeln ein ganz sicheres Ergebniss nicht liefern kann. Da indessen die Abweichungen von der Wirklichkeit kaum ins Gewicht fallen, so sollen hier die betreffenden Ziffern, auf zwei Stellen abgerundet, für die drei wichtigsten Jahre 1881, 1884 und 1887 mitgetheilt werden. Das versteuerte Einkommen betrug

in den Klassen	1881	1884	1887
	Franken.	Franken.	Franken.
I	2,396,400	2,750,400	2,796,000
II	1,870,000	1,980,000	2,182,500
III	5,599,900	6,137,200	7,154,400
IV	4,820,900	5,049,600	5,447,300
V	2,572,300	2,512,000	2,807,300
VI	26,652,800	21,744,200	28,022,000
zusammen	43,912,300	40,173,400	48,409,500

Das ganze steuerpflichtige Einkommen hat sonach von 1881—1884 um 8,₅ Procent abund von 1884—1887 um 20,₅ Procent zugenommen. Für den ganzen Zeitraum von 1881—1887 stellt sich dagegen nur eine Zunahme von 10,₂ Procent heraus. Im Durchschnitt entfiel auf jeden Steuerpflichtigen

im Jahre	1881	1884	1887
ein Einkommen von Fr. . .	6130	5219	5742

Wenn der Durchschnittssatz des steuerpflichtigen Einkommens in drei Jahren um über 900 Franken sinkt und nach weiteren drei Jahren noch immer um 400 Franken hinter dem ursprünglichen Satze zurückbleibt, so ist das eine sehr ernste Sache. Mehr als die Hälfte der Einwohner Basels muss mit weniger als 900 Franken existiren und auch 400 Franken sind für Viele ein ansehnlicher Besitz!

— 21 —

Zu erschrecken braucht man indess vor den todten Ziffern nicht, so lange wir die Ursachen ihres Rückgangs, bzw. ihres langsamen Wiederaufsteigens nicht kennen. Denn diese Ursachen können sehr verschiedene sein. Es könnte z. B. eine gleichmässigere Vertheilung des Einkommens eingetreten sein, dergestalt, dass gewisse Empfänger grösserer Einkommen in niedrigere Klassen herabgestiegen wären, während zugleich ein Aufsteigen über die Grenze des steuerfreien Nothbedarfs bei seither Steuerunfähigen stattgefunden hätte. Es könnten aber auch ohne Klassenwechsel die grössten Einkommen durchschnittlich kleiner geworden sein, während die Mittelklassen nicht nur an ihrem Einkommen nichts eingebüsst, sondern geradezu sich verbessert hätten.

Eine genauere Betrachtung der Verhältnissziffern in Tabelle V deutet darauf hin, dass beide Vorgänge neben einander stattgefunden haben. Diese Tabelle zeigt uns zunächst in ihrem ersten Theile, dass, obwohl die Steuerzahler in allen Klassen absolut sich vermehrt haben, doch an relativer Stärke nur eine Klasse gewonnen hat, diejenige, welche die Einkommen von Fr. 1500 (bzw. 1800) bis 4000 repræsentirt, also die immerhin auskömmlich gestellte untere Schicht des Mittelstandes. Da sowohl die den beiden untersten Steuerklassen Angehörigen, als die drei obersten Einkommensklassen verhältnissmässig an Bedeutung verloren haben, so könnte zugleich ein Heraufsteigen aus der Klasse der Fünf- und Zehn-Franken-Zahler, als ein Herabsinken aus den drei obersten Klassen stattgefunden haben. Ein Blick auf die absoluten Zahlen der Tabelle IV belehrt uns sogleich, dass weder in den beiden untersten noch in den drei obersten Klassen eine Verminderung der Steuerpflichtigen (abgesehen von vorübergehenden Schwankungen einzelner Jahre) stattgefunden hat.

Da wir hier den wahren Sitz des Rückgangs der Durchschnittsbeträge der Steuer und des Einkommens nicht finden können, so ziehen wir noch den untern Theil der Tabelle V zur Betrachtung heran. Derselbe enthält die Verhältnissziffern für die Betheiligung der einzelnen Klassen am Steuerertrage. Und merkwürdig: hier finden wir, dass in Beziehung auf den von ihnen aufgebrachten Steuerertrag nicht bloss die III. Klasse, sondern auch die IV. und V., ja selbst, wenn auch in geringerem Belaufe die I. und II. von 1861—1887 an relativer Bedeutung für die Staatskasse gewonnen haben, alle freilich mit Ausnahme der dritten nur Bruchtheile von Procenten. Verloren hat allein die Klasse der Höchstbesteuerten. Das anscheinende Räthsel, dass eine relative Verminderung der Steuerpflichtigen bestimmter Kategorien von einer gleichzeitigen relativen Vermehrung des korrespondirenden Steuerertrages begleitet sein kann, wie wir es in den Klassen III, IV und V am deutlichsten beobachten, erklärt sich nun einfach daraus, dass die Steuerkraft, bzw. das Einkommen in diesen Klassen zugenommen hat. Zugleich aber hat der ziemlich bedeutende relative Rückgang der Klasse VI die Steuererträge der beiden untersten Klassen etwas mehr ins Gewicht fallen lassen.

Wir erkennen dies mit aller wünschenswerthen Deutlichkeit, sowie wir aus den Grundziffern die durchschnittliche Höhe des Steuerbetrags für jeden Pflichtigen und des demselben entsprechenden Einkommens ermitteln. Der Vergleichung wegen soll dies nicht bloss für das Anfangs- und Endjahr, sondern auch für das ungünstige Jahr 1884 geschehen. Es betrug

in Klasse	der durchschnittliche Steuerbetrag			das entsprechende Durchschnitts-Einkommen		
	1881 Franken.	1884 Franken.	1887 Franken.	1881 Franken.	1884 Franken.	1887 Franken.
III	25. 29	25. 41	25. 64	2,529	2,541	2,564
IV	72. 12	72. 60	73. 30	5,606	5,629	5,668
V	174. 53	176. 69	179. 36	9,818	9,889	9,980
VI	1,663. 60	1,435. 85	1,502. 17	47,590	41,896	45,804

Der ganze Steuer- und Einkommens-Rückgang beschränkt sich sonach auf die oberste Klasse, während die drei übrigen stetig ihre Lage verbessert haben. An die obigen Ziffern weitgehende Schlussfolgerungen zu knüpfen wäre bei der Kleinheit der Zahlen und der Kürze des Zeitraums mindestens unvorsichtig. Vom fiskalischen Standpunkte angesehen, bedeutet die hier sich andeutende Verschiebung die Ersetzung von Einkommen, welches 4 Procent steuerte, durch Einkommen, welches der Staatskasse nur 1—3 Procent bringt. Der Socialpolitiker würde sie mit grösserer Befriedigung betrachten, wenn er nicht vermuthen müsste, es mit einer örtlich und zeitlich eng begrenzten Erscheinung zu thun zu haben.

4. Die städtische Gemeindesteuer.

Die Tabellen VI bis XI, welche die Vertheilung der städtischen Gemeindesteuer zur Darstellung bringen, sind in ihrem Werthe leider etwas beeinträchtigt durch die eingreifenden Veränderungen, welche die gesetzlichen Bestimmungen über diese Steuer in den Jahren 1882 und 1887 erfahren haben. Denn dadurch hat die Vergleichbarkeit der Ziffern durch sämmtliche Jahre der ganzen Periode hindurch etwas gelitten. Dafür aber bietet auf der andern Seite diese Gemeindesteuer-Statistik auch wieder Aufschlüsse socialer Natur, die wir in den Einkommensteuer-Tabellen vergeblich suchen. Sie geht vor allem mehr in das Detail der Einkommensgliederung ein, indem sie sowohl bei den grösseren als auch bei den kleinsten Einkommen eine grössere Zahl von Stufen unterscheidet.

Ferner bietet sie nicht die Zahl der wirklichen Steuerzahler, sondern nur die Zahl der eingeschätzten Steuerpflichtigen. Unter letzteren ist aber regelmässig eine Anzahl solcher, von welchen die Steuerbeträge sei es wegen Abreise oder Unfindbarkeit, sei es wegen Krankheit, Arbeitslosigkeit und temporärer Unterstützung nicht haben eingebracht werden können. Die officielle Statistik berichtet hier wohl über die Höhe der unerhältlichen Beträge, nicht aber über die Zahl der Personen, welche ihre Steuerpflicht nicht erfüllt haben. In den beiden letzten Spalten der Tabellen VII und IX findet man die bezüglichen Summen nachgewiesen. Sie fallen nicht besonders schwer ins Gewicht, und da die betreffenden Pflichtigen wohl meist den ersten Einkommensklassen angehören, so lässt sich ihre Zahl ungefähr berechnen. Es schien indessen richtiger, nicht durch die immerhin vorhandene Unsicherheit eines derartigen rechnerischen Versuches die statistische Zuverlässigkeit der ganzen Zusammenstellung zu gefährden.

Endlich unterscheiden sich die Ziffern dieser Tabellen von denjenigen über die Einkommensteuer noch durch eine aus der Erhebungsweise der Gemeindesteuer sich ergebende Eigenthümlichkeit. Sie sind nämlich nicht ursprüngliche, sondern abgeleitete Zahlen. Denn da die Gemeindesteuer je am Ende eines Quartals zu einem Viertheil der Sätze bei den zur Zeit Pflichtigen erhoben wird, und die Steuerpflicht für Viele erst im Laufe des Jahres beginnt oder aufhört,¹) so ergeben sich für jedes Vierteljahr verschiedene Zahlen von Steuerpflichtigen. Um zu zeigen, wie gross die Unterschiede in dem gleichen Jahre sein können, seien hier die Quartalsziffern für 1882 und 1883 mitgetheilt. Die Zahl der Gemeindesteuerpflichtigen betrug:

	1882.	1883.
im I. Vierteljahr	19,464	16,146
„ II. „	18,999	15,807
„ III. „	18,953	15,851
„ IV. „	18,897	15,931
der Durchschnitt	19,078	15,939

Da für das ganze Jahr nur eine Ziffer in Tabelle VI eingestellt werden konnte, so mussten für jede einzelne Steuerklasse solche Durchschnitte berechnet werden. Diese letzteren waren, um Bruchtheile zu vermeiden, wieder nach oben oder unten abzurunden. Daraus erklärt es sich, dass die in Tabelle VII vorkommenden Steuererträge nicht überall das genaue Produkt aus dem Steuersatz und der Zahl der Steuerpflichtigen jeder Klasse bilden.

Die officielle Statistik dieser Steuer, welche jährlich in dem Verwaltungsberichte des Regierungsrathes veröffentlicht wird, gibt jedesmal zwei getrennte Tabellen, eine für die Bürger und Niedergelassenen und eine für die Aufenthalter. Diese Unterscheidung, deren administrative Bedeutung nicht verkannt werden darf, hat für die hier verfolgten Zwecke kaum einen Werth. Es genügt hier zu bemerken, dass die Aufenthalter zum überwiegenden Theile der untersten Steuerstufe angehören, in manchen Fällen aber auch die zweite, selten die dritte Klasse erreichen. Unsere Tabellen weisen nur die Gesammtsummen der steuerpflichtigen Bürger und Niedergelassenen einerseits und der Aufenthalter andererseits, sowie die Höhe der Steuererträge für beide gesondert nach. Wie sich aus diesen Nachweisungen ergibt, hat die Zahl der Aufenthalter sich seit 1881 sehr stark vermindert, während gleichzeitig sich die Ziffern der Bürger und Niedergelassenen vermehrten. Besonders bemerkenswerth sind die grossen Rückschläge in den Jahren 1883 und 1885—1887. Der erste ist eine Folge der Einführung des steuerfreien Existenzminimum, welche etwa ein Drittel der steuerpflichtigen Aufenthalter ausfallen liess; der andere ist die Nachwirkung des kantonalen Gesetzes betreffend das Niederlassungs-, Aufenthalts- und Kontrolwesen vom 10. November 1884, welches den Uebergang gewisser Kategorien von Aufenthaltern unter die Niedergelassenen bewirkte.

Wir wissen bereits, dass die städtische Gemeindesteuer eine Einkommensklassensteuer ist. Die Zahl der Klassen hat in unserer Periode zweimal gewechselt. Sie betrug nach dem Gesetze von 1880 8, nach dem Grossrathsbeschlusse von 1882 10 und nach dem Gesetze von 1887 16. Diese Vermehrung hat stattgefunden, trotzdem durch den Beschluss von 1882 die unterste Schicht von Steuerpflichtigen mit einem Gesammteinkommen nicht über 800 Franken weggefallen war. Es geschah dies in der Weise, dass Klassen, deren Anfangs- und Endbeträge sich zwischen weiten Grenzen bewegten, getheilt wurden. Dieses Schicksal hatte namentlich die

---

¹) Nach § 28 beginnt die Steuerpflicht mit dem Quartal, in dessen Eintreten der Pflichtige das zwanzigste Altersjahr zurückgelegt, bzw. Niederlassung oder Aufenthalt genommen hat. Für Wegziehende wird das angetretene Quartal für voll berechnet.

letzte nach oben unbegrenzte Klasse, in welcher sich die Nachtheile der ganzen Einrichtung am meisten fühlbar gemacht hatten. Aus den Tabellen VI und IX ist sowohl die Klasseneintheilung von 1882 als auch diejenige von 1880 deutlich zu erkennen. Tabelle X zeigt die Eintheilung des Gesetzes von 1887. Aus dem Gesagten ergibt sich, dass die Ziffern für 1881 und 1882 mit denjenigen der übrigen fünf Jahre nicht überall verglichen werden können, da den letzteren ein Element fehlt, welches jene enthalten: die Einkommen von 800 Franken abwärts. Immerhin bleibt die Mehrzahl der Ziffern für die einzelnen Klassen vergleichbar, wenn man die in den Tabellen angedeuteten Zusammenziehungen vornimmt. Die Höhe der Steuersätze ist für diese Betrachtung ohne Belang; von einer Aufnahme derselben in die Tabellen musste wegen der zweimaligen Veränderungen abgesehen werden.

Nur für die Jahre 1881 und 1882 weisen unsere Ziffern die Gliederung der gesammten nichtalmosengenössigen Bevölkerung nach dem Einkommen nach. Dieser Nachweis hat aber um so grösseren Werth, da er sich nicht auf die zufällige Gestaltung der Einkommensverhältnisse in den beiden Jahren, sondern auf die ganze Klassenlage der Bevölkerung gründet. Bezeichnen wir Einkommen von bis zu 1500 Franken als nothdürftige, von 1500—3000 Franken als auskömmliche, von 3000—6000 Franken als mässige, von 6000—12,000 Franken als reichliche, von 12,000—40,000 Franken als grosse und von über 40,000 als sehr grosse, so bezogen im Durchschnitt der genannten beiden Jahre

1. nothdürftige Einkommen . . . . . 66,4 Procent
2. auskömmliche „ . . . . . 21,9 „
3. mässige „ . . . . . 7.4 „
4. reichliche „ . . . . . 2,9 „
5. grosse „ . . . . . 1,9 „
6. sehr grosse „ . . . . . 0,3 „

Die wichtige Frage, ob und wie sich dieser Zustand bis 1887 verändert hat, vermögen wir direkt nicht zu beantworten. Immerhin bieten unsere Tabellen die Mittel zu einer Wahrscheinlichkeitsrechnung. Fassen wir nämlich die Steuerpflichtigen, welche mit einem Einkommen von über 1500 Franken veranlagt waren, also alle Klassen unserer Tabellen mit Ausnahme der untersten, für sich ins Auge, so betrug deren Zahl im Jahre 1881: 6425, im Jahre 1887: 6556. Es hat also nur eine Vermehrung um 131 Personen oder 2 Procent der anfänglich vorhandenen Zahl stattgefunden — ein Zuwachs, der hinter demjenigen der Bevölkerung sehr erheblich zurückbleibt. Man darf daraus ohne weiteres schliessen, dass derjenige Theil der Bevölkerung, dessen Einkommen 1500 Franken nicht übersehritt, sich bedeutend mehr vergrössert hat. Von diesem aber können wir von 1883 ab nur die Zahlenverhältnisse für die obere Schicht, welche ein Einkommen von 800 bis 1500 Franken versteuerte. Der Zuwachs dieser seit 1883 untersten steuerpflichtigen Klasse beträgt bis 1887 9,4 Procent. Sie hat sich erheblich schneller vermehrt als die übrigen Klassen, welche ein Einkommen von über 1500 Franken versteuerten, aber immer noch nicht so rasch wie die gesammte Stadtbevölkerung. Die (uns zur Zeit unbekannte) Zahl der unter das steuerfreie Existenzminimum fallenden Einwohner Basels muss darnach bei weitem den grössten Theil des Bevölkerungszuwachses aufgenommen haben. Man sieht daraus, wie sehr es gerechtfertigt war, wenn wir oben die sociale Bedeutung der bei der Einkommensteuer beobachteten Vorschiebung der Wohlhabenheitsklassen mit Vorsicht zu beurtheilen riethen.

Sehr auffallend ist die Art, wie sich der Zuwachs der Steuerpflichtigen mit einem Einkommen von über 1500 Franken auf die einzelnen Klassen vertheilt. Derselbe betrug nämlich von 1881—1887

bei den Steuerpflichtigen mit einem Einkommen von Fr. 1,500— 3,000	— 5,6	Procent
" " " " " " " " " 3,000— 6,000	11,1	"
" " " " " " " " " 6,000— 12,000 [1]	15,1	"
" " " " " " " " " 12,000— 20,000 [1]	20,8	"
" " " " " " " " " 20,000— 40,000	27,4	"
" " " " " " " " " 40,000— 60,000	96,8	"
" " " " " " " " " über 60,000	24,1	"
überhaupt	2,6	"

In der niedersten von diesen Klassen hat also die Zahl der Steuerpflichtigen erheblich abgenommen (um 229 Personen); dieser Rückgang ist aber reichlich ersetzt worden durch eine Zunahme der Steuerpflichtigen aller übrigen Klassen (zusammen 360 Personen). Allein in diesen vertheilt sie sich nicht gleichmässig, sondern sie gewinnt um so mehr an verhältnissmässiger Bedeutung, je höher man in der Klassenfolge heraufsteigt. Nur die Klasse der Höchstbesteuerten hat dieser Zunahme, welche bei den Einkommen von 40,000—60,000 Franken fast einer Verdoppelung gleich kommt, nicht ganz zu folgen vermocht; immerhin ist auch hier die Zahl der Pflichtigen fast um ein Viertel stärker geworden.

Diese Verschiebung der Gliederung der Bevölkerung nach dem Einkommen entspricht bei der Gemeindesteuer auf den ersten Anblick wenig dem, was wir in gleicher Hinsicht bei der Einkommens- und Erwerbssteuer beobachtet haben. Leider ist die Klasseneintheilung beider Steuern so verschieden, dass Vergleiche im Einzelnen ausgeschlossen erscheinen. Indessen ist doch, wenn wir für die Gemeindesteuer des Jahres 1887 eine kleine Interpolation zu Hülfe nehmen, eine gewisse Vergleichbarkeit zweier grossen Gruppen von Einkommensempfängern herzustellen. Nur müssen wir aus der Zahl der Gemeindesteuerpflichtigen die Aufenthalter ausscheiden, weil diese von der Einkommenssteuer befreit sind. Es betrug dann die Zahl der steuerpflichtigen Bürger und Niedergelassenen

mit einem Einkommen	bei der Einkommenssteuer:		bei der Gemeindesteuer:	
	1881	1887	1881	1887
von Fr. 1,500—12,000	3336	4033	6005	5982
" " über 12,000	560	612	411	531
zusammen	3896	4645	6416	6513

Das bedeutende Zurückbleiben der Ziffern für die Einkommenssteuer hinter denjenigen für die Gemeindesteuer, welches wir in der ersten Gruppe beobachten und das auch bei der Gesammtzahl hervortritt, erklärt sich wohl zum Theil daraus, dass bei der Einkommenssteuer die Verheirateten und Verwitweten mit einem Einkommen von 1500—1800 Franken in eine tiefere Klasse fallen, während diese Personen bei der Gemeindesteuer gleich den Ledigen behandelt werden. Immerhin mögen auch noch andere Ursachen für diese Erscheinung vorhanden sein,

---

[1] Für 1887 Schätzung nach den Ziffern für 1886.

die in der Taxationspraxis der Steuerkommission begründet sind. Eine vorsichtige Einschätzung erscheint bei dem weiten Spielraum der Klassen in der Gemeindesteuer gewiss um so mehr geboten, je schwächer die Einzuschätzenden sind. Wenn es sich darum handelt, dauernd eine höhere Last aufzuerlegen, so müssen andere Rücksichten massgebend sein, als wo eine solche Last auf Grund einmaliger günstiger Wirthschaftsergebnisse freiwillig übernommen wird. Dass thatsächlich mehr Personen in der Einkommenssteuer über Fr. 12,000 versteuerten, als unter diesem Satze zur Gemeindesteuer veranlagt sind, ergeben die Ziffern für diese Gruppe. Da für die auf je vier Jahre erfolgende Taxation zur Gemeindesteuer der Durchschnitt der vorausgegangenen Selbsttaxationen zur Einkommenssteuer insgemein als massgebend angenommen wird, so ist es leicht möglich, dass letztere für die Periode vor 1881 eine geringere Anzahl grosser Einkommen ergaben, als sich 1881—1884 bei der Einkommenssteuer thatsächlich offenbarten. Ziffern liegen darüber leider in den älteren Verwaltungsberichten des Regierungsrathes nicht vor. Auch ist es nur zu leicht möglich und liegt im Geiste der ganzen Einrichtung, dass die Steuerkommission bei der Bemessung der für eine längere Periode zu belastenden dauernden Einkommen unsicher erscheinende Einkommenstheile der vorausgegangenen Jahre ausscheidet, die sich später doch als wiederkehrend erweisen. Bei der Neueinschätzung von 1887 dagegen sind wir in der glücklichen Lage, die Korrektheit des Verfahrens der Steuerkommission nachweisen zu können und sie vor einem Vorwurfe zu schützen, zu welchem die 612 Höchstbesteuerten der Einkommenssteuer gegenüber den 531 der Gemeindesteuer Anlass geben könnten. Die Zahl 531 entspricht nämlich, wie Tabelle IV lehren kann, genau dem Durchschnitt der VI. Klasse der Einkommenssteuerpflichtigen in den vorausgegangenen vier Jahren.

Das, worauf an dieser Stelle jedoch mehr ankommt, sind nun nicht jene Abweichungen, sondern die Verschiedenheit des relativen Zuwachses der Pflichtigen bei beiden Steuern. In der in Rede stehenden Periode vermehrte, bzw. verminderte sich nämlich die Zahl der steuerpflichtigen Bürger und Niedergelassenen

bei Einkommen von	in der Einkommenssteuer um Procent:	in der Gemeindesteuer um Procent:
Fr. 1,500—12,000	20,6	— 0,4
über 12,000	9,3	29,3
überhaupt über Fr. 1,500	19,1	1,7

Diese Ziffern beweisen jedenfalls, dass die Taxation zur Gemeindesteuer die oben gekennzeichneten Abweichungen der korrespondirenden Ergebnisse dieser und der Einkommenssteuer auszugleichen bemüht gewesen ist. Immerhin bleiben noch grosse, aber doch genügend zu erklärende Unterschiede. Von je 100 Einkommenssteuerzahlern waren zu den entsprechenden Gruppen der Gemeindesteuer veranlagt:

bei einem Einkommen	Steuerpflichtige 1881	1887
von Fr. 1,500—12,000	179	148
über Fr. 12,000	73	87
überhaupt „ „ 1,500	165	142

In Beziehung auf die erste Gruppe nähern sich die Ziffern von 1887 vermuthlich jetzt mehr dem natürlichen Verhältniss.¹) Es wäre indessen zu wünschen, dies auch ziffermässig nachweisen zu können, und es mag desshalb an dieser Stelle die Anregung gestattet sein, es möchten künftig bei Anstellung der jährlichen Einkommensteuerstatistik die Verheirateten und Verwitweten der ersten und zweiten Klasse besonders nachgewiesen, sowie überhaupt die Klasseneintheilung der Gemeindesteuer auch hier zu Grunde gelegt werden. Dass bei den Höchstbesteuerten die Ziffern der Gemeindesteuer hinter denen der Einkommensteuer zurückbleiben, deutet darauf hin, dass die Ziffern sich auf zwei Jahre beziehen, in deren unmittelbaren Vorjahren die grossen Einkommen eine namhafte Vermehrung erfahren hatten. Je rascher diese Vermehrung in einer Klasse vor sich geht und je mehr sie den Charakter der Dauer annimmt, um so weiter müssen die vorgängigen Schätzungen der Gemeindesteuer hinter den Einsteuerungsergebnissen der Einkommen- und Erwerbssteuer zurückbleiben; je langsamer die Zahl der Einkommensempfänger einer Klasse wächst, um so mehr werden sich die Ziffern beider Steuern einander nähern. Decken sie sich, so ist ein Zustand der Stagnation eingetreten, und wenn gar die Gemeindesteuerziffern über die entsprechenden der Einkommensteuer hinausgehen, so ist der Wohlstand der Basler Bevölkerung im Rückgang begriffen. Es ist zu bedauern, dass diese Wahrheit nur an den Ziffern für die Klasse der Höchstbesteuerten gezeigt werden kann, hier aber auch so deutlich als möglich, wie folgende Ziffernreihe beweist.

Mit einem Einkommen von über Fr. 12,000 waren			Auf je 100 Einkommensteuerzahler
im Jahre	einkommensteuerpflichtig	gemeindesteuerpflichtig	kamen Gemeindesteuerpflichtige in dieser Gruppe
1881	560	411	73
1882	547	461	84
1883	520	448	86
1884	519	448	86
1885	535	522	98
1886	551	510	93
1887	612	531	87

Die Einwirkungen der Geschäftskrisis von 1883 und 1884 sind in den steigenden Verhältnissziffern dieser und noch mehr der beiden folgenden Jahre deutlich zu erkennen, während ihr Nachlassen sich in dem Sinken der Zahl für 1887 verräth.²) Es ist bezeichnend für den

---

¹) Für eine Berechnung der genauen Zahl der Verheirateten und Verwitweten mit einem Einkommen von Fr. 1500—1800 fehlen leider die nöthigen Daten. Dass dieselben aber fast den dritten Theil aller Gemeindesteuerpflichtigen mit einem Einkommen von Fr. 1500—12,000 könnten betragen haben widerspricht aller statistischen Wahrscheinlichkeit.

²) Es könnte hier die Frage aufgeworfen werden, ob es richtig sei, die Einkommensteuer, welche in einem bestimmten Jahre für das im vorausgegangenen Jahre bezogene Einkommen gezahlt wird, mit der Gemeindesteuer dieses Erhebungsjahres zu vergleichen, da letztere doch für das Jahr gelte, in dem sie entrichtet wird. Man müsse vielmehr immer die Gemeindesteuer des Vorjahres mit der Einkommensteuer des laufenden Jahres vergleichen. Für gewisse Zwecke würde sich gewiss dieser Vergleichungsmodus empfehlen, allein er würde es doch nicht mit homogenen Ziffern zu thun haben. Denn wenn auch die Gemeindesteuer ganz mit Recht auf das Einkommen des Erhebungsjahres bezogen wird, so bemisst sich doch ihre Höhe nach dem Einkommensbetrage einer vergangenen Epoche und zwar nach dem Durchschnittsbetrage der vier Jahre, welche der letzten Taxation vorausgegangen sind. Man müsste also, um ganz sicher zu gehen, die durchschnittliche Einkommensteuer der Jahre 1881—1884 mit der Gemeindesteuer von 1885 vergleichen und erhielte dann doch keine gleichartigen Ziffern, weil die bis 1885 eingetretene Vermehrung der Steuerpflichtigen nicht ausgeschieden werden kann.

Charakter der beiden verwandten Steuern, dass die beiderseitigen Zahlen sich im Jahre 1885 am meisten einander nähern, also in einem Jahre, in welchem die geschäftlichen Verhältnisse sich wieder zu bessern begannen. In jenem Jahre fand nämlich eine neue Einschätzung zur Gemeindesteuer statt. Dieselbe gründete sich auf den Durchschnitt des Einkommens der vorausgegangenen vierjährigen Periode für jeden einzelnen Steuerpflichtigen. Hätte sie sich bloss nach den Ergebnissen der Einkommensteuer für 1884 zu richten gehabt, so würde die Zahl 522 nicht zu erklären sein, da im Jahre 1884 bloss 519 Personen ein Einkommen von über 12,000 Franken versteuert hatten. Auch mit dem Durchschnitt der Höchstbesteuerten in den Jahren 1881—1884 stimmt die Zahl 522 nicht überein; denn im Durchschnitt dieser vier Jahre wurden 535 Einkommen über Fr. 12,000 in der Einkommensteuer bekannt. Wie löst sich nun das Räthsel? Einfach dadurch, dass durchschnittlich 13 Personen in den Jahren 1881—1884 bald Einkommen wenig über 12,000 Franken, bald solche unter diesem Belaufe versteuert hatten, jedoch so, dass für jeden der Durchschnitt dieser vier Jahre Fr. 12,000 nicht überstieg und sie demnach in eine niedrigere Klasse eingetheilt werden mussten. Dagegen fanden sich aber auch einige andere Personen, welche im Jahre 1884 in der Einkommensteuer ein geringeres Einkommen als Fr. 12,000 versteuert hatten, aber doch höher zur Gemeindesteuer eingeschätzt werden mussten, weil sie in den vorausgegangenen Jahren so viel vereinnahmt hatten, dass der Durchschnitt immer noch mehr als Fr. 12,000 ergab.

Im Ganzen zeigen die Gemeindesteuertabellen dasselbe Bild der Klassenschichtung in der Bevölkerung Basels wie die Einkommensteuertabellen, nur dass jene mehr in die Einzelheiten einzudringen gestatten. Ob die Vertheilung des dauernden Einkommens von 1881 bis 1887 den kleinen Verschiebungen zu folgen vermocht hat, welche sich in den Ergebnissen der Einkommens- und Erwerbssteuer andeuteten, vermögen wir nicht zu sagen, da bei der Gemeindesteuer die Ziffern von 1861 und 1882 mit den späteren nicht vergleichbar sind. Von 1883 bis 1887 zeigen die Zahlen der Pflichtigen für die einzelnen Klassen in ihrem gegenseitigen Verhältniss (vgl. Tabelle VIII) eine merkwürdige Beständigkeit. Die oben beobachtete starke Zunahme der Einkommensteuerpflichtigen in der Einkommenslage 1500—4000 ist indessen auch hier zu bemerken, freilich in geringerem Maße. Sie lässt sich sogar hier etwas mehr an der Quelle erfassen. Es ist hauptsächlich die obere Schicht, die Einkommen von Fr. 3000—4000, welche am meisten zugenommen hat. Die auffallende Abnahme der nächsthöheren Stufe (Fr. 4000—6000) erweckt freilich den Verdacht, dass es sich an dieser Stelle vielleicht eher um eine Herabdrückung von Existenzen handeln könne als um ein Aufsteigen.

Bezüglich des Ertrags der Gemeindesteuer dürfte zu beachten sein, wie ganz anders derselbe bei der sehr langsam aufsteigenden Progression dieser Steuer auf die einzelnen Klassen sich vertheilt als bei der Einkommensteuer. Im Jahre 1886 brachten in Procenten des Gesammtertrages auf

die Steuerpflichtigen mit einem Einkommen	bei der Einkommensteuer	bei der Gemeindesteuer
unter Fr. 12,000	20,4	53,5
über Fr. 12,000	79,1	46,5

wobei allerdings zu beachten ist, dass die Gemeindesteuer tiefer nach unten greift. Gerade dieses letztere Moment macht sie mit zu einem so wichtigen Gliede in dem gesammten Basler Steuer-

— 29 —

system. Nachdem das Steuergesetz von 1887 in der Schonung der kleinen Einkommen bei der Einkommenssteuer bis an eine Grenze gekommen ist, die schwerlich mehr ohne die Schädigung wichtiger öffentlicher Interessen überschritten werden kann, dürfte es am Platze sein, hier darauf aufmerksam zu machen, dass, selbst wenn man von den politischen und socialpædagogischen Rücksichten absehen könnte, die für die Erhaltung der Unterstufe der Gemeindesteuer sprechen, auch die finanzielle Bedeutung derselben nicht unterschätzt werden sollte. Die Einkommen unter 1500 Franken trugen 1887 immer noch fast den sechsten Theil der Gemeindesteuer, und so wenig 66,000 Franken auch bei einem Budget von nahezu 4 ½ Millionen wiegen mögen, in der Bevölkerung bedeuten sie mehr als 10,000 selbständig erwerbende Personen, denen sie das durch nichts zu ersetzende Bewusstsein erhalten, zu den Lasten des Gemeinwesens nach ihren Kräften beizutragen, dessen Vortheile sie geniessen und in dem die Mehrzahl von ihnen volle politische Rechte ausübt.

Die starke Betonung der direkten Steuern, durch welche die kleinen Schweizerkantone den grösseren Staaten voranleuchten, ist ja nichts Zufälliges. Sie entspricht einer inneren, in ihren demokratischen Verfassungen begründeten Nothwendigkeit. Nichts zieht den Einzelnen energischer zur Theilnahme an den öffentlichen Angelegenheiten heran, als die allgemeine Pflicht, unmittelbar aus dem Eigenen zu den öffentlichen Lasten beizutragen. Die sauer erarbeiteten anderthalb Franken, welche der Lohnarbeiter alle Vierteljahr seinem kärglichen Verdienste für den gemeinen Säckel abspart, sind ja für ihn gewiss oft ein grösseres Opfer als die paar Tausende, welche der Millionär von dem Ertrage seines ererbten Reichthums abgibt. Aber sie sind für den Staat mehr werth als die bescheidene Ziffer, die sie in seinem Budget füllen, auszudrücken vermag. Sie sind wie das Scherflein der Witwe nach der Gesinnung zu werthen, die sie pflegen; sie erhalten auch dem Dürftigen das Pflichtbewusstsein und das Gefühl für seine bürgerliche Würde.

Man hat gegen die direkte Besteuerung der kleinen Einkommen nicht selten die Schwierigkeiten geltend gemacht, welche bei ihnen die Steuererhebung verursacht. In Staaten mit hoher indirekter Besteuerung, welche die kleinen Einkommen verhältnissmässig am schwersten belastet, mag in ihrer Befreiung von direkten Steuern ein Akt ausgleichender Gerechtigkeit erblickt werden. Hier häufen sich in der That die Schwierigkeiten der Einbringung direkter Beiträge zu den Staatsausgaben um so mehr, auf je zahlreicheren Punkten eine findige Verbrauchsbesteuerung die private Bedarfsdeckung schmälert. Bei dem Basler Besteuerungssysteme dagegen, welches vier Fünftel der Steuereinnahmen auf direktem Wege aufbringt und nur eine schwache Beimischung alteingelehrter Verbrauchsbesteuerung aufweist, darf jenem Einwande um so weniger Gewicht beigelegt werden, als das dreigliedrige System der direkten Hauptsteuern von selbst den Weg zur Schonung der kleinen Existenzen weist. Dadurch, dass die Einkommen von Fr. 600 bis 1500, bzw. 1800 und neuerdings sogar bis Fr. 1800, bzw. 2400 nur in ihrem Durchschnittsbetrage der Gemeindesteuer und nicht auch in ihrem ganzen jährlichen Belaufe, wie die übrigen, der Einkommenssteuer unterworfen sind, erscheinen dieselben in einem Maße bevorzugt, das allen billigen Rücksichten entspricht.

Erhebungsschwierigkeiten treten ja gewiss bei der Gemeindesteuer der untern Klassen in höherem Maße hervor als bei der Einkommensteuer. Aber dieselben entspringen viel mehr dem fluktuirenden Charakter eines Theils der steuerpflichtigen Bevölkerung, als wirklicher Steuerunfähigkeit. In Fällen, wo letztere vorhanden ist, waltet herkömmlich eine milde Erhebungspraxis. Eine eigentliche Steuerexekution mit ihrer aufreizenden Härte kennt unsere Finanzverwaltung nicht; nur Polizeistrafen gegen Trölerei und Steuerbetrug. Bei vorübergehender Noth und Arbeitslosigkeit ist zeitweiliger oder völliger Erlass ohne grosse Förmlichkeiten möglich. Trotzdem erreichen die uneinbringlichen Steuerrückstände, welche die Tabellen VII und IX genau nachweisen, keine hohe Summe. Sie betragen im Durchschnitt der letzten sieben Jahre nur 1,3 Procent, also etwa den siebenundsiebenzigsten Theil des Steuersolls.

Vergleichen wir damit die Verhältnisse des Kantons Zürich, wie sie sich aus der in den Beilagen zur Züricher Staatsrechnung veröffentlichten „Spezifikation der Aktivbürger-, Vermögens- und Einkommenssteuer" ergeben, so tritt erst die günstige Stellung Basels in diesem Punkte recht hervor. Es betrug nämlich

	im Jahr	bei der Aktivbürgersteuer		bei der Vermögens- und Einkommenssteuer:		Auf 100 Fr. Ertrag kamen an Rückständen:	
		der Ertrag	die uneinbringlichen Rückstände	der Ertrag	die uneinbringlichen Rückstände	bei der Aktivbürgersteuer	bei d. Verm.- u. Eink.-Steuer
		Fr.	Fr.	Fr.	Fr.	Fr.	Fr.
im Kanton Zürich	1884	90,118	7,264	3,382,399	120,065	7,4	3,5
	1885	96,678	7,079	3,540,506	140,769	7,1	3,9
in der Stadt Zürich	1884	7,043	837	1,141,223	58,599	11,9	5,1
	1885	7,077	520	1,214,344	64,055	7,3	5,3
in den 9 Vorstädten	1884	13,356	2,067	750,739	28,538	15,3	3,6
	1885	13,586	2,081	806,403	34,853	15,3	4,3
Stadt u. Vorstädte zusammen	1884	20,399	2,904	1,891,963	87,137	14,2	4,6
	1885	20,663	2,601	2,020,747	98,908	12,4	4,9

Wie man sieht, betragen im Kanton Zürich die uneinbringlichen Rückstände vom Doppelten bis zum Zwölffachen mehr als in Basel. Dabei ist zu beachten, dass die Aktivbürgersteuer, welche jeder Stimmberechtigte zu entrichten hat, in den genannten Jahren nur Fr. 1. 30 betrug, während die Sätze der Einkommenssteuer für kleine Einkommen zum Theil allerdings höher sind als für die unterste Stufe der Basler Gemeindesteuer.

Die Klasseneintheilung der Gemeindesteuer, so wie sie bis 1887 bestand, gewährte der Kritik einen ausgedehnten Spielraum. Sie hatte namentlich den grossen Nachtheil, dass sie bei den weit auseinanderliegenden Grenzen der Klassensätze fixe Einkommen, die sich der unteren und der oberen Grenze näherten, sehr ungleich belastete. So zahlte z. B. ein Beamter mit Fr. 6,200 Gehalt denselben Steuerbetrag (Fr. 60) wie ein Rentner, der aus seinem in sicheren Werthpapieren angelegten Vermögen 11,900 Franken zog. Der erstere versteuerte sein Einkommen mit 0,97, der letztere bloss mit 0,50 Procent. Bei der schwachen Progression der Steuersätze und unter Voraussetzung einer milden Taxationspraxis, welche nicht die genaue Durchschnittssumme des Einkommens, sondern eine sorgfältige Würdigung des ganzen wirthschaftlichen Persönlichkeit des Pflichtigen der Steuerbemessung zu Grunde legte, mochten derartige auffallende Ungleichheiten der Belastung seltene Ausnahmen bleiben. Mit der Zunahme der Bevölkerung, welche in dem Grade mehr zu einem schematischen Verfahren der Einschätzung nöthigt, als die Pflichtigen den Mitgliedern der taxirenden Kommission persönlich unbekannt sind, wurde ihr häufigeres Auftreten unvermeidlich.

Das Steuergesetz vom 21. März 1887 schritt desshalb zu einer Vermehrung der Klassen und führte zugleich eine etwas stärkere Progression der Sätze ein. Eine Maassregel bedingte nothwendig die andere. Die neue Eintheilung in 16 Klassen anstatt der früheren 10 ist zweifellos eine grosse Verbesserung. Mit dem Maßstabe der reinen Einkommenssteuer gemessen, hat jedoch auch sie ihre Mängel, wie folgende Uebersicht leicht ergibt.

Klassen	Einkommen	Steuersätze	Die Steuer beträgt vom Hundert des Einkommens	vom Durchschnitt der Klasse
	Franken.	Franken.	Franken.	Franken.
I	800 — 1,200	6	0,75 — 0,50	0,60
II über	1,200 — 1,500	8	0,75 — 0,53	0,59
III „	1,500 — 2,200	12	0,80 — 0,55	0,65
IV „	2,200 — 3,000	20	0,90 — 0,66	0,77
V „	3,000 — 4,000	28	0,93 — 0,70	0,80
VI „	4,000 — 6,000	40	1,00 — 0,66	0,80
VII „	6,000 — 10,000	68	1,13 — 0,68	0,85
VIII „	10,000 — 15,000	120	1,20 — 0,80	0,96
IX „	15,000 — 20,000	180	1,20 — 0,90	1,03
X „	20,000 — 30,000	280	1,40 — 0,93	1,12
XI „	30,000 — 40,000	400	1,33 — 1,00	1,14
XII „	40,000 — 60,000	600	1,50 — 1,00	1,20
XIII „	60,000 — 100,000	1000	1,66 — 1,00	1,25
XIV „	100,000 — 150,000	1600	1,60 — 1,07	1,28
XV „	150,000 — 200,000	2400	1,60 — 1,20	1,37
XVI „	200,000	3000	1,50 — ?	?

Bei der Berechnung der vorletzten Kolumne ist von der Anschauung ausgegangen, dass es sich überall um ziffermässig genau bestimmbare Einkommensgrössen handle, die mit einem Centimo über der Untergrenze jeder Klasse beginnen und bis genau zur Obergrenze sich erstrecken können. Unter dieser Voraussetzung hätte ein Einkommen von Fr. 60,000. 01 genau so viel zu zahlen wie ein solches von Fr. 100,000; der Steuerbetrag von Fr. 1000 machte aber von dem ersten 1⅔, von dem zweiten bloss 1 Procent aus. Diese Voraussetzung liegt allerdings nicht in der Auffassung des Gesetzgebers, der sich vielmehr lauter Durchschnittseinkommen vorgestellt und nach ihnen seine progressiven Sätze bemessen hat. Allein es kann keinem Zweifel unterliegen, dass unsere Voraussetzung der Wirklichkeit näher steht als die Auffassung des Gesetzes. Der Einkommen, welche annähernd dem Durchschnitt entsprechen, gibt es möglicher Weise in einer Klasse sehr wenige; die Mehrzahl liegt naturgemäss mehr gegen die untere, eine geringere Zahl gegen die obere Grenze zu. So kann denn innerhalb der Angehörigen einer Klasse eine recht ungleiche Belastung stattfinden, und die Progression kann genau das Gegentheil ihres ursprünglichen Zweckes bewirken. Ein Einkommen von wenig über Fr. 6000 kann so relativ gleich hoch belastet werden wie ein solches von Fr. 100,000, nämlich mit 1 Procent, und ein Einkommen von Fr. 21,000 relativ höher als ein solches von Fr. 200,000.

Die Praxis wird ja gewiss die Härten dieser Einrichtung zu mildern wissen; sie wird sich von selbst darauf hingeführt sehen, Einkommen, welche der Untergrenze einer weit gegriffenen Klasse sehr nahe liegen, der nächst niederen Klasse zuzuweisen, und dies um so mehr, je grösser die Sprünge in den Steuersätzen von Klasse zu Klasse sind. Denn dass z. B. ein Einkommen von Fr. 39,900 nur Fr. 400 zahlt, während ein solches von Fr. 40,200 mit Fr. 600 belastet werden soll, ist eine so schreiende Unbilligkeit, dass hier nothwendig die Steuerverwaltung in allen irgend zweifelhaften Fällen lieber die niedere als die höhere Klasse wählen muss. Dies um so mehr, da die Gemeindesteuer mit allen in ihrer Veranlagung auf längere Perioden berechneten Steuern den Uebelstand theilt, die Resultate einer günstigen Wirthschaftsperiode erst in einer möglicher Weise minder günstigen zu belasten, und umgekehrt, den Steuerpflichtigen in einer für ihn günstigen Zeit zu milde zu behandeln, da sie sein Einkommen nach dem Durchschnitt ungünstiger Jahre bemisst. Kommen noch schwierige persönliche Verhältnisse hinzu, welche die Leistungsfähigkeit des Einzelnen schwächen, wie eine grosse Zahl von Kindern, Verpflichtung zur Unterhaltung armer Angehöriger, andauernde Krankheit, Unglücksfälle, so wäre es gewiss oft wünschenswerth und läge im Sinne der Gemeindesteuer, diese Umstände bei der Einweisung in die Klassen mitsprechen lassen zu können.

Die städtische Gemeindesteuer reicht in ihrer Entstehung vor die Zeit der jetzigen Einkommensteuer zurück. Sie nahm ursprünglich in der Bemessung ihrer Steuersätze gar keine Rücksicht auf die Einkommenshöhe der Pflichtigen, sondern bloss auf ihre sociale Stellung. Erst seit 1861 hat sie den Charakter einer Einkommensklassensteuer angenommen, immerhin in der Voraussetzung, dass die Einschätzungs-Kommission kein Mittel habe, um den genauen Betrag des Einkommens für jeden Pflichtigen festzustellen, sondern dasselbe nach äusseren Anhaltspunkten, wie Berufsstellung, Grundbesitz, Umfang des Geschäftsbetriebes und dgl., ungefähr abschätzen müsse. Die Zahl der Klassen betrug damals 6, der Steuerfuss war nach oben eher degressiv als progressiv. Ueber $^1/_2$ vom Hundert wurde durchschnittlich nicht hinausgegangen. Es war also ein sehr roher Veranlagungsmassstab, der nur desshalb wirkliche Steuerüberbürdung unwahrscheinlich machte, weil die Taxation meist hinter der wahren Höhe des Einkommens zurückblieb. Dies hat sich mit der konsequenten Ausbildung einer reinen Einkommensteuer geändert. Die gewissenhafte Selbsteinschätzung der Pflichtigen bei der Einkommens- und Erwerbssteuer macht es der Steuerkommission jetzt möglich, genau das ziffermässige Durchschnittseinkommen aller derjenigen, welche zur Einkommensteuer beitragen, auch für die Gemeindesteuer in Anschlag zu bringen.

Damit aber haben die alten Klassensätze ihren ursprünglichen Charakter verloren. Sie beruhen nicht mehr bloss auf einer ungefähr nach der socialen Stellung der Pflichtigen geschätzten Steuerfähigkeit, sondern sie treffen genau bekannte Einkommen von verschiedener Höhe gleichmässig und darum nicht gleich schwer. Je genauer jemand seine Einnahmen bei der Einkommens- und Erwerbssteuer offenbart, um so leichter läuft er Gefahr, bei der Gemeindesteuer ungünstiger behandelt zu werden als ein besser gestellter Mitbürger, der minder gewissenhaft ist. Namentlich liegt für diejenigen Pflichtigen, deren Einkommen die Untergrenze einer Klasse nur wenig übersteigt, die Versuchung nahe, dasselbe für die Einkommensteuer etwas niedriger zu taxiren, um noch in die nächsttiefere Stufe der Gemeindesteuer zu kommen. Dieser Gefahr wäre wohl am leichtesten durch eine gesetzliche Bestimmung vorzubeugen, welche gestattete, diejenigen unter dem Durchschnitt einer Klasse liegenden Einkommen, bei deren Empfängern in Folge grosser

Kinderzahl, Kränklichkeit und dgl. eine geschwächte Leistungsfähigkeit anzunehmen ist, um eine Klasse tiefer zu taxiren. Es wäre dies lediglich ein Weiterbauen auf historischer Grundlage.

Nach dem hier Ausgeführten begreift sich, dass die verhältnissmässige Erträglichkeit der Gemeindesteuer auf ihren im Ganzen niederen Sätzen und ihrer sehr langsamen Progression beruht und dass sie keine Zuschläge verträgt. Denn mit jedem Zuschlage wachsen die Unterschiede zwischen der relativen Belastung von Einkommen, die nahe an der Obergrenze einer Klasse liegen und solchen, die sich wenig über die Untergrenze derselben erheben. Ein Zuschlag von 40 Procent z. B., wie er 1885 und 1886 erhoben wurde, belastete nach dem alten Gesetze Einkommen von Fr. 4,000— 6,000 mit 1,11—0,75 % (ohne Zuschlag 0,90—0,54 %)

   „ „ 6,000—12,000 „ 1,40—0,70 % („   „   1,00—0,50 %)

In dem neuen Gesetze sind diese Zuschläge deshalb mit Recht gestrichen worden. Durch die Vermehrung der Klassenzahl ist ausserdem ein langsameres Ansteigen der Steuersätze erzielt worden. Immerhin bedingt die Verstärkung der Progression in den oberen Klassen noch Sprünge von 400, 600, ja 800 Franken Steuerbetrag von einer Klasse zur andern. Hier könnte durch Vermehrung der Klassen leicht ebenfalls ein allmähliches Ansteigen der Steuersätze ohne weitere Verstärkung der Progression erreicht werden.

Tabelle X zeigt die Unterschiede zwischen der Vertheilung der Gemeindesteuer nach dem alten und derjenigen nach dem neuen Gesetze an den Ergebnissen der beiden Hälften des Jahres 1887. Die Zusammenstellung soll zunächst nur darlegen, wie die Gesammtziffern der Tabellen VI und VII für 1887 berechnet worden sind. Sie ist aber auch in verschiedenen anderen Beziehungen lehrreich. So zeigt sie insbesondere die eigenthümlichen Verschiebungsvorgänge, welche sich mit Nothwendigkeit bei einer neuen Klasseneintheilung ergeben. Bei der Theilung umfassenderer Klassen fällt besonders auf die relative Stärke der oberen Einkommenslage, welche dem allgemeinen Aufbau der Bevölkerung nach der Einkommenshöhe wohl kaum entspricht. So hatte nach der alten Eintheilung im ersten Halbjahr

Klasse II (Fr. 1500—2000) 1950 Steuerpflichtige
    „ III („ 2000—3000) 1935   „

Nach der neuen Eintheilung im zweiten Halbjahr zählte die entsprechende

Klasse III (Fr. 1500—2200) 2130 Steuerpflichtige
    „ IV („ 2200—3000) 1695   „

Beide Klassen zusammen haben eine Verminderung um 60 Pflichtige erfahren, die wir uns auf die untere und die obere Hälfte gleich vertheilt denken. Nehmen wir nun an, die darnach verbleibenden 1920 Steuerpflichtigen in der Einkommenslage Fr. 1500—2000 seien alle in die neue Klasse III übergegangen, so würde dieselbe 210 Personen mit einem Einkommen von Fr. 2000—2200 enthalten. Die übrigen 1695 Pflichtigen der alten Klasse III bilden die neue Klasse IV. Denken wir uns weiter die ganze alte Klasse III in fünf Unterabtheilungen mit Abstufungen von 200 zu 200 Franken zerlegt, so ergäbe sich folgende Vertheilung der (nach Abzug von 30 verbleibenden) 1905 Steuerpflichtigen:

Einkommen von Fr. 2000—2200 2200—2400 2400—2600 2600—2800 2800—3000
Steuerpflichtige   210   423   424   424   424

Die unterste Schicht der alten Klasse wäre also nur halb so stark besetzt gewesen wie die vier oberen im Durchschnitt sein mussten, womit offenbar das wirkliche Verhältniss geradezu umgekehrt ist. Man sieht daraus wie sehr sich die Pflichtigen an der oberen Grenze einer Klasse zusammendrängen, was offenbar daher rührt, dass Einkommen, welche sich wenig über diese Grenze erheben, bei der Einkommensteuer etwas geringer angegeben werden, um noch in die nächstniedere Klasse der Gemeindesteuer zu fallen. Auch in den vier oberen Schichten der neuen Klasse IV wird sich aller Wahrscheinlichkeit nach dieser Vorgang wiederholen, so dass die Einkommenslage Fr. 2800—3000 nicht 424, sondern mehr Pflichtige zählen wird.

Es sei dem Leser überlassen, diese Andeutung an Handen der Ziffern weiter zu verfolgen. Der Gesammtertrag der Gemeindesteuer ist in Folge des neuen Gesetzes im zweiten Halbjahr um Fr. 58,866 oder 33,1 Procent höher als im ersten. Vertheilen wir die Gesammtsumme auf vier grosse Einkommensklassen, so brachten

die Einkommen	ein Mehr von
von Fr. 800— 6,000	17,1 Procent
„ „ 6,000—20,000	31,9 „
„ „ 20,000— 60,000	51,5 „
„ „ über 60,000	51,3 „

Der Abfall dieser Scala in der letzten Gruppe hängt mit der Verminderung der Zahl der Höchstbesteuerten zusammen.

Tabelle XI bietet eine Berechnung des gesammten Einkommens der gemeindesteuerpflichtigen Bevölkerung Basels auf Grund der Einschätzung von 1887. Das dabei eingeschlagene Verfahren ergibt sich mit hinreichender Deutlichkeit aus der Tabelle selbst. Eine Rechtfertigung wird die Zugrundelegung des arithmetischen Durchschnittseinkommens jeder Klasse nach dem oben über die Schichtungsweise der verschiedenen Einkommenslagen innerhalb jeder Klasse Bemerkten kaum mehr bedürfen. Diese Durchschnittsziffern wären zu hoch, wenn die zu jeder Klasse Eingeschätzten in allen Schichten mit ihrem wirklichen Einkommen vertreten wären. Die sämmtlichen Einkommenslagen würden sich dann, graphisch dargestellt, pyramidenförmig übereinander erheben. Da aber aus den angegebenen Gründen in unseren Ziffern die unteren Lagen zu schwach, die oberen zu stark und mit einem zu geringen Einkommen enthalten sind, so dürfte der arithmetische Durchschnitt dem wirklichen Verhältnisse sehr nahe kommen. Für die letzte, nach oben nicht begrenzte Klasse musste willkürlich ein Durchschnitt angenommen werden, bei dessen Bemessung die Ergebnisse der Vermögensteuer als Anhaltspunkt genommen wurden. Das Schlussergebniss unserer Berechnung des gesammten Einkommens weicht naturgemäss ab von der oben (S. 20) auf Grund der Einkommensteuer des gleichen Jahres gemachten; die Differenz von etwa 4 Millionen erklärt sich daraus, dass die Gemeindesteuer tiefer greift und sich auf das Durchschnittseinkommen stützt. Das ganze Einkommen der Basler Bevölkerung gibt auch diese Berechnung noch nicht, da der Betrag der Einkommen unter Fr. 800 fehlt. Schätzungsweise mag derselbe auf 5—6 Millionen angenommen werden, so dass wir im Ganzen auf 57—58 Millionen kämen.

5. Die Vermögenssteuer.

Ueber die Stellung der Vermögensteuer im System der direkten Steuern Basels ist bereits oben im Allgemeinen gehandelt worden. Dieselbe weicht wesentlich ab von der Kombination von

Einkommens- und Vermögenssteuer in andern schweizerischen Kantonen. Denn in diesen tritt die Vermögenssteuer gewöhnlich als Alternativsteuer auf in der Weise, dass jeder, der steuerpflichtiges Einkommen hat, je nach der Quelle desselben, entweder von der Einkommenssteuer oder von der Vermögenssteuer getroffen wird. In Basel dagegen befreit die Zahlung der Vermögenssteuer nicht von der Verpflichtung, die Vermögensrente auch in der Einkommens- und der Gemeindesteuer zu versteuern, falls sie das Existenzminimum dieser Steuern überschreitet. Sie ist hier blosse Ergänzungssteuer.

Das Basler Steuersystem folgt damit einer durchaus organischen Auffassung des Verhältnisses von Staatswirthschaft und Privatwirthschaft, indem es die steuerliche Leistungsfähigkeit individualisirend nach der gesammten wirthschaftlichen Persönlichkeit des Steuerpflichtigen zu bemessen sucht. Diese wirthschaftliche Persönlichkeit ist immer etwas Zusammengesetztes: Person und Güter. Diese Güter stellen sich bald als Vermögen, bald als Einkommen dar. Das Vermögen gibt Macht; es ist sozusagen die ökonomische Waffenrüstung, mit welcher der Mensch den Kampf um's Dasein führt. Auch das Einkommen verleiht wirthschaftliche Macht, aber nur eine vorübergehende. Es bedarf fortwährend des Ersatzes der durch Konsumtion verursachten Abgänge. Das Vermögen dagegen ist die Quelle dauernder Macht. Es bedarf nur der Konservirung.

Vermögen und Einkommen stehen in fortwährender Wechselbeziehung. Vermögen wird durch eigene oder fremde Arbeit eine Quelle von Einkommen, und Einkommen durch Nichtverbrauch eine Quelle von Vermögen. Aus den Ueberschüssen des Einkommens über den Bedarf wächst das Vermögen, und der Vermögenszuwachs zieht wieder vermehrtes Einkommen nach sich. Ist das Einkommen der Massstab steuerlicher Leistungsfähigkeit zu einer bestimmten Zeit, so ist das Vermögen der Massstab zeitlich unbegrenzter Leistungsfähigkeit. Trifft die Einkommensbesteuerung bei richtiger Selbsttaxation sicher auch die Rente jedes Vermögenszuwachses, so bildet die Vermögenssteuer hinwieder eine fortgesetzte nachträgliche Korrektur der Mängel der Einkommenssteuer. Denn wenn die letztere die persönliche Lage des Steuerzahlers nur unvollkommen berücksichtigt, so erfasst die Vermögenssteuer unausbleiblich die aus günstigen persönlichen Verhältnissen hervorgegangenen Kapitalisirungen. Zwei Ehepaare, je mit Fr. 8,000 Einkommen, das eine kinderlos, das andere kinderreich, werden zur Einkommens- und Erwerbssteuer und zur städtischen Gemeindesteuer mit völlig gleichen Beträgen herangezogen. Aber der kinderlose Mann erübrigt leichter von seinem Jahreseinkommen als der kinderreiche; er schafft sich ein Vermögen, während der andere vielleicht die ganze Einnahme auf Haushalt und Kindererziehung verwenden muss. Sowie jenes Vermögen die Grenze der Steuerpflicht erreicht, verfällt es der Vermögenssteuer, während zugleich seine Rente der Einkommensbesteuerung mit dem übrigen Einkommen unterliegt. Dies kann freilich die Nichtberücksichtigung der die Leistungsfähigkeit schwächenden oder erhöhenden Umstände bei der Einkommensbesteuerung nicht ersetzen, wohl aber ihre Nachtheile mildern.

Als im Jahre 1866 die Vermögenssteuer in Basel eingeführt wurde, hatte man den Gedanken, dass sie lediglich dem Zwecke dienen solle, allfällige Lücken im Budget auszufüllen. Man hielt sie für eine besonders „dehnbare" Steuer und setzte fest, dass der Grosse Rath jeweilen bei Feststellung des jährlichen Voranschlages ihren Bezug und Betrag zu bestimmen habe. Wie wenig hat doch die Erfahrung diese Auffassung bestätigt! In den 21 Jahren seit 1867 ist die Vermögenssteuer nur einmal unerhoben geblieben (1870). Der ursprüngliche Normalansatz ($^1/_2$ vom Tausend) ist niemals angewendet worden. Von 1867—1875 betrug der Steuersatz 1 °/₀₀, von 1876—1880 2 °/₀₀ (vgl. Tabelle XVI). Trotzdem hielt man bei der Revision des Gesetzes im Jahre 1880 an jener Anschauung fest und sah Zuschläge zu der Vermögenssteuer wie zu der städtischen Einkommenssteuer vor, welche erhoben werden sollten, sobald die ordentlichen Einnahmen des Budgets zur Deckung der ordentlichen Ausgaben nicht ausreichten. Diese Zuschläge sind bloss in den Jahren 1885 und 1886 im Betrage von 80 °/₀ des einfachen Ansatzes erhoben worden. Sie wurden aber sofort als so lästig empfunden, dass sie in dem Gesetze von 1887 beseitigt werden mussten.

In der That, wenn irgend eine Steuer wenig dehnbar ist, so ist es die Vermögenssteuer. Wie die Rente, auf welche sie fällt, muss auch sie den Charakter der Stabilität an sich tragen. Alles andere Einkommen, das reine Arbeitseinkommen sowohl als auch das Geschäftseinkommen, ist bis zu gewissem Grade schwankend und elastisch. Darum wird naturgemäss eine allgemeine Einkommenssteuer in ihrem Ertrage schwankender sein müssen und in ihrem Ansatze elastischer sein können als eine Vermögenssteuer.

Sie wird schwankender sein, weil die Einkommen nicht von Jahr zu Jahr gleich bleiben. Die Landwirthschaft hat ihre Missernten, Hagelschläge, Viehseuchen, die das Einkommen einzelner Jahre bedeutend schmälern; der Handel und die Grossindustrie haben ihre Stockungen und Krisen, und auch das Kleingewerbe und die Handarbeit leiden unter diesen misslichen Zeitverhältnissen. Der Kapitalist, der Verpächter oder Vermiether werden von vorübergehenden Erwerbsstörungen kaum betroffen. Die Zinsen der Staatspapiere laufen regelmässig weiter, und wenn vielleicht auch Pacht- und Miethzinse etwas langsamer eingehen, schliesslich müssen sie doch bezahlt werden, so schwer es werden mag. Höchstens da, wo die Kapitalrente mit dem Geschäftsgewinn sich berührt, bei den Dividenden der Aktien, wird auch sie von dem allgemeinen Rückgange mitbetroffen. Günstige Ernten, Zeiten der Prosperität für Handel und Gewerbe lassen zunächst wieder das Arbeitseinkommen und den Geschäftsgewinn emporschnellen und wirken nur langsam auf das Steigen der Vermögensrente.

Aber auch elastischer ist die Einkommenssteuer. Sie kann den Bedürfnissen des Staates leichter folgen. Denn eine Erhöhung derselben ist für den Steuerzahler nicht uneinbringlich. Sie spornt ihn zu gesteigerter wirthschaftlicher Thätigkeit, weil er nicht gern der Steuer zu Liebe seinen privaten Konsum einschränkt. Und in der That ist es in vielen Erwerbsgebieten möglich, durch intensivere Arbeit das Einkommen zeitweise zu steigern und so die Mehrabgabe an den Staat einzubringen. Bei der Vermögenssteuer ist dies nicht der Fall. Denn die reine Vermögensrente ist in ihrer Höhe meist der Einwirkung des Besitzers entzogen. Wer von einem Kapital von Fr. 80,000 oder von einem Landgute in diesem Werthe Fr. 3200 Zins oder Pacht einnimmt und statt einer Vermögenssteuer von 1 °/₀₀ plötzlich eine solche von 2 °/₀₀ zahlen muss, der hat, wo er früher Fr. 3120 Rente einnahm, jetzt nur noch Fr. 3040. Eine Erleichterung der Steuer kann er auf dem Gebiete, wo sie liegt, an dem Kapital, Landgut etc. nicht erzielen. Sie fällt, wenn er keine andere Einnahme hat, unausbleiblich auf seine Bedarfsdeckung: er muss sich hie und da am gewohnten Konsum etwas abbrechen, um die Steuer zu erübrigen. Deshalb treffen plötzliche Erhöhungen bei der Vermögenssteuer viel empfindlicher als bei der Einkommenssteuer, und vorübergehende Ermässigungen werden eher als blosser Glücksfall angesehen und darum bei weitem nicht in dem Masse geschätzt wie bei der Einkommenssteuer.

In diesen Erwägungen liegt die Begründung der Erfahrungen, welche Basel mit seiner

Vermögenssteuer gemacht hat. Dieselbe hat seit ihrem Bestehen relativ weniger Veränderungen erlitten als Einkommens- und Gemeindesteuer; sie hat sich immer mehr im Sinne einer dauernden, gleichmässig fliessenden Einnahmequelle entwickelt, und diesem Umstande verdanken wir es, dass unsere Tabellen bis 1867 zurückgehend vergleichbare Ziffern über ihre Ergebnisse bieten können. Allerdings hat diese Vergleichbarkeit hie und da nur durch Zusammenfassung mehrerer Klassen erreicht werden können. Dadurch sind die **Einflüsse veränderter Klasseneintheilung** auf die Zahl der Steuerpflichtigen und die Höhe des Ertrages stellenweise verschleiert worden, und es wird angezeigt sein, dieselben, bevor wir zur Betrachtung der Tabellen im Ganzen schreiten, hier kurz zu kennzeichnen.

Beginnen wir mit der Untergrenze des steuerpflichtigen Vermögens. Das Gesetz von 1866 setzte dieselbe auf Fr. 3000, dasjenige von 1880 auf Fr. 5000 fest. Bis zu Fr. 20,000 unterschieden beide je drei verschieden abgestaffelte Klassen. Vergleichen wir nun mit einander die Einschätzungsergebnisse der Jahre 1879 und 1881, von denen die erstere nach dem Gesetze von 1866, die letztere nach demjenigen von 1880 erfolgte, so erhalten wir folgendes Bild:

Klasse	1879 Vermögen	Steuerpflichtige	1881 Vermögen	Steuerpflichtige
I	Fr. 3,000— 6,000	833 ½	Fr. 5,000— 8,000	694 ½
II	„ 6,000—10,000	569	„ 8,000—12,000	541
III	„ 10,000—20,000	676	„ 12,000—20,000	688
	zusammen	2078 ½	zusammen	1923 ½

Die Zahl der Steuerpflichtigen dieser drei Klassen verminderte sich, wir wollen annehmen lediglich durch den Wegfall der Vermögen von Fr. 3000—5000, um 155. Es wären somit in der frühern Klasse I 678 ½ Pflichtige mit einem Vermögen von Fr. 5000—6000 gewesen. Es hätte also acht- bis neunmal so viel Personen mit einem Vermögen von Fr. 5000—6000 als solche von Fr. 3000—4000 und Fr. 4000—5000 gegeben. Nehmen wir weiter an, jene 678 ½ Pflichtigen wären alle in die neue Klasse I versetzt worden, so hätte diese aus der alten Klasse II nur 16 Besteuerte mit einem Vermögen von je Fr. 6000—8000 aufnehmen können und 553 wären übrig geblieben mit Vermögen von je Fr. 8000—10,000 für die neue, nach oben um Fr. 2000 erhöhte Klasse II. Diese 553 Personen hätten aber nicht bloss hingereicht, um die neue Klasse II zu füllen, sondern es hätten auch noch 12 Pflichtige mit höherm Vermögen mitsammt dem Bestande der alten Klasse III in die neue Klasse III eingereiht werden müssen.

So einfach wird sich in Wirklichkeit der Vorgang nicht vollzogen haben. Aber es ist doch klar, dass auch unter Annahme einer ansehnlichen Zahl von reellen Vermögenserhöhungen die obersten Vermögenslagen der alten Klassen übermässig besetzt gewesen sein müssen, um bei der Neueintheilung ein solches Resultat zu liefern. Die gleiche Erscheinung lässt sich für die Neueintheilung der Klassen von Fr. 100,000—200,000 im Jahre 1887 nachweisen, wo an Stelle der Abstufungen von Fr. 25,000 solche von Fr. 20,000 gesetzt wurden. Sie erklärt sich, genau wie bei der städtischen Gemeindesteuer, aus der Behandlung der Vermögenssteuer als Klassensteuer. Da die Steuer jeweilen von dem untern Betrage der betreffenden Klasse berechnet wird, so sind die Unterschiede der Belastung von der obersten Lage einer Klasse bis zur untersten der folgenden nicht unbeträchtlich. Nach dem Gesetze von 1880 zahlte z. B. ein Vermögen von Fr. 30,000 bei einfachem Ansatze (1 °/₀₀) Fr. 20 Steuer, ein solches von Fr. 31,000 Fr. 30. Das sind, unter Voraussetzung einer vierprocentigen Verzinsung, von der Rente aus dem erstern 1 °/₀, von derjenigen aus dem andern 2⅖ Procent! Unter diesen Umständen empfahl sich eine milde Taxationspraxis für die unmittelbar über der Untergrenze einer Klasse liegenden Vermögen. Daher das Zusammendrängen derselben an der Obergrenze der Klassen, ganz wie bei der Gemeindesteuer.

Indessen unterliegt diese Einrichtung bei der Vermögenssteuer doch weit weniger Bedenken. So lange die Eintheilung in die Klassen lediglich auf der Taxation der Steuerkommission beruhte und diese bei ihren Schätzungen kaum andere Anhaltspunkte benutzen konnte, als die Selbsttaxationen der Einkommensteuer, war eine genaue Feststellung ausgeschlossen. Man musste die Vermögen in weit gegriffene Klassen grob sortiren und bei den unvermeidlichen Fehlschätzungen sich darauf verlassen, dass die Steuerpflichtigen selbst reklamirten. Solche Reklamationen erfolgten glücklicherweise in Basel nicht bloss bei zu hoher, sondern auch bei zu niedriger Einschätzung. Noch bei jeder der vierjährigen Taxationen zur Vermögenssteuer verlangte eine Anzahl Pflichtiger in höhere Klassen versetzt zu werden: im Jahre 1867 etwa 40, 1875 und 1879 je 90, 1883: 43. Auch pflogten sich regelmässig einzelne Personen zur Taxation zu melden, welche überhaupt nicht eingeschätzt worden waren, weil man ihr Vermögen als unter die steuerpflichtige Grenze fallend angesehen hatte. Weit zahlreicher waren natürlich die Rekurse wegen zu hoher Taxation. Dieselben beliefen sich 1867 auf über 1000, 1875 auf 386, 1879 auf 468, 1883 auf 453. Auf diesem Wege sind zweifellos die Taxationen mit der Zeit der Wahrheit näher gekommen. Denn jeder Rekurs zieht mit Nothwendigkeit eine sorgfältige Prüfung des einzelnen Falles nach sich. Allein offenbar war es doch eine schier verzweifelte Aufgabe, von vier zu vier Jahren auch den Veränderungen nachzugehen, welche im Vermögensstande der Pflichtigen eingetreten sein konnten. Bei der Möglichkeit, den Vermögenszuwachs einer leicht verborgbaren Anlageform zuzuführen und ihn so der steuerlichen Würdigung zu entziehen, blieb die Zuweisung eines Steuerpflichtigen zu einer höhern Klasse immer ein Tastversuch und konnte deshalb nur auf einigermassen sichere Indicien hin unternommen werden. Alle diese Umstände wiesen aber auf Festhaltung des Klassensystems hin.

Man braucht nur die Ziffern in den Tabellen XII und XIV von einer Einschätzungsperiode zur andern zu vergleichen, um sich zu überzeugen, dass die Taxationen thatsächlich nur ein sehr ungenaues Resultat ergaben. Von 1867, wo die erste Taxation stattfand, bis 1868 verminderte sich die Zahl der Vermögenssteuerpflichtigen beträchtlich. Allerdings enthalten unsere Zahlen für 1867 nicht die wirklichen Steuerzahler, sondern nur die nach Bereinigung der Rekurse in die Steuerregister eingetragenen Personen. Bis zur Erhebung der Steuer kamen noch aus verschiedenen Gründen 201 von den 3340 anfänglich eingeschätzten Personen in Wegfall, so dass schliesslich nur 3139 Personen im Stadtbezirk die Steuer wirklich zu entrichten hatten. Obwohl nun für 1868 die Taxation von 1867 hätte massgebend bleiben sollen, so weisen doch die Erhebungslisten für ersteres Jahr eine abermalige Verminderung der Pflichtigen um 210 Personen nach. In den folgenden Schätzungsjahren zeigt sich zwar ein allmäliges Aufsteigen der Gesammtzahl der Steuerpflichtigen. Allein die Verhältnissziffern der einzelnen Klassen schwanken fortwährend hin und her, und es scheint vergebliches Bemühen zu sein, aus ihnen eine bestimmte Richtung der Vermögensbewegung herauszulesen. Da manche jener Schwankungen bereits durch die Zusammenfassung mehrerer Klassen in unsern Tabellen ausgeglichen sind, so geben letztere die stattgehabten

Verschiebungen nur in abgeschwächter Form wieder. Es fällt schwer zu glauben, dass es sich hier immer um wirklich stattgefundene Veränderungen und Verschiebungen im Vermögensstande der Basler Bevölkerung handle. Denn so gross man sich auch die durch Erbgang, Kapitalverluste und Kapitalisirung von Einkommensüberschüssen hervorgebrachten Fluktuationen denken mag, ein solches Auf- und Absteigen einzelner Klassen ist selbst bei vierjährigen Perioden schwer begreiflich. Es muss in diesen Zahlen ausser den wirklich eingetretenen Verschiebungen noch ein anderes Moment zum Ausdruck kommen, und dieses ist die Unsicherheit der Taxation, die trotz der weiten Klassengrenzen unvermeidlich war.

Das Gesetz vom 21. März 1887 hat einen glücklichen Griff gethan, als es auch für die Vermögenssteuer die bei der Einkommensteuer bewährte Selbsttaxation einführte. Das damit in die Gewissenhaftigkeit und den Gemeinsinn der Basler Bevölkerung gesetzte Vertrauen hat sich glänzend gerechtfertigt. Das steuerbare Vermögen im ganzen Kanton schnellte mit einem Ruck um 106 Millionen gegenüber dem Vorjahre in die Höhe oder um 22,6 Procent; die Zahl der Steuerpflichtigen vermehrte sich um 480 oder 11,4 Procent. Die Klasseneintheilung wurde allerdings beibehalten, aber mit bedeutender Vermehrung der Klassen und Verengerung ihrer Grenzen. Während das alte Gesetz in den obersten Klassen Differenzen von Fr. 250,000, ja von einer halben Million zuliess, kennt die neue Eintheilung keine Klasse mehr, deren Obergrenze von der untern um mehr als Fr. 200,000 entfernt wäre (Vgl. Tabelle XVII). Solche Fehlergrenzen sind aber auch für die Selbsteinschätzung bei der Vermögenssteuer unentbehrlich, da oft genug der Eigenthümer selbst nicht im Stande ist, den Werth gewisser Vermögensobjekte genau abzuschätzen. Man muss also hier einen gewissen Spielraum lassen und erreicht dies sehr einfach dadurch, dass man von dem Steuerpflichtigen nicht verlangt, sein Vermögen in bestimmter Summe anzugeben, sondern lediglich sich in eine Klasse einzuschätzen, nachdem er sich darüber klar geworden, zwischen welchen Grenzen der Werth seines Vermögens sich etwa bewegt. Bei Vermögensposten, deren Werth ihm selbst zweifelhaft ist, ist er berechtigt, in seiner Steuer-Erklärung speciell anzugeben, wie hoch er dieselben anschlägt. Es hat dann die Behörde zu entscheiden, ob sie die Schatzung annehmen will. Damit ist allen billigen Rücksichten Rechnung getragen.

Bei der Erläuterung unserer Tabellen müssen wir uns auf wenige Bemerkungen beschränken. Dieselben geben nur für diejenigen Jahre das Detail der Vermögenssteuervertheilung, in welchen Neueinschätzungen oder doch wichtige Veränderungen stattfanden. Die Schätzungsjahre bieten allein einigermassen brauchbare Ziffern, wie später noch zu zeigen sein wird. Eine Ausnahme macht nur das Jahr 1867. Die dort gegebenen Ziffern beziehen sich nicht auf die wirkliche Steuerentrichtung, sondern bloss auf die Taxation, sind also mit den übrigen nicht vergleichbar. Auch die folgenden Ziffern sind nur von 1868—1870 homogen. Von 1881 ab fällt die unterste Vermögenslage (Fr. 3000—5000) aus, und wenn es auch, wie bereits hervorgehoben wurde, der Steuerkommission gelang, den grössten Theil der Steuerpflichtigen in die neue höhere Klasse I (Fr. 5000—8000) hinüberzunehmen, so müssen doch die Zahlen für die Jahre 1881—1887 für sich behandelt werden. Ja es kann selbst zweifelhaft sein, ob die Zahlen für 1887 mit den vorhergehenden ohne weiteres in Parallele gesetzt werden dürfen, da sie auf einem durchaus anderen Taxationsverfahren beruhen.

Betrachten wir zunächst die Gesammtzahl der Vermögenssteuerpflichtigen im Stadtbezirk, so erhebt sich die Frage: hat die Zahl der Besitzer von steuerpflichtigem Vormögen mit der Vermehrung der Bevölkerung Schritt gehalten oder nicht? Die Frage ist hier von grösserer Wichtigkeit als bei der Einkommens- und der Gemeindesteuer, weil es sich um einen längeren Zeitraum handelt und weil wir für den grössten Theil desselben die Bevölkerung durch Zählung genau kennen. Dazu bildet der Vermögensbesitz sozusagen den Niederschlag der Wirthschaft der Bevölkerung; an seiner Vermehrung und Ausbreitung lässt sich ermessen, ob dieselbe im Wohlstand fortgeschritten oder zurückgegangen ist. Nun vermehrte sich

in den Jahren	die Zahl der Vermögenssteuerpflichtigen um Procent:	die Zahl der Einwohner um Procent:
1868 — 1871	7,2	6,1
1871 — 1875	16,2	13,4
1875 — 1879	12,7	13,4
1868 — 1879	40,4	37,2
1881 — 1883	6,4	4,3
1883 - 1887	8,0	8,4
1881 — 1887	15,9	13,2

In beiden Perioden wäre sonach die Zahl der Vermögen, welche die Grenze der Steuerpflicht überschritten, rascher gewachsen als die Einwohnerzahl. Diese Thatsache stimmt zwar mit der oben (S. 18) bezüglich der Einkommensteuerpflichtigen gemachten Beobachtung überein; allein sie unterliegt doch hier einigen Zweifeln. Denn es ist durchaus nicht sicher, dass es bereits im Jahre 1868 gelungen war, alle unter die Steuerpflicht fallenden Vermögen der Taxation zu unterwerfen. Ein Theil des späteren Wachsthums könnte somit das Ergebniss genauerer Einschätzung sein. Auch besagt die Zunahme der Steuerpflichtigen überhaupt sehr wenig, so lange wir nicht wissen, ob sie eine gleichmässige für alle Vermögensklassen ist oder ob sie bloss an einzelnen derselben hervortritt.

Es ist demnach zunächst die Schichtung der Steuerpflichtigen nach der Grösse des Vermögens zu untersuchen. Bei den starken Schwankungen in den einzelnen Klassen sind diese für eine solche Betrachtung ungeeignet. Es ist vielmehr nöthig, grössere Gruppen zusammenzufassen, um die zufälligen Fluktuationen der kleinen Ziffern auszumerzen. Es wurden versteuert:

Vermögen von Franken:	1868	1871	1875	1879	1881	1883	1887
1. bis zu 20,000	1309	1407	1731	2078 $^{1}/_{2}$	1923 $^{1}/_{2}$	1955	1955
2. über 20,000 — 60,000	823	825	974	1020 $^{1}/_{2}$	1032	1150	1109
3. „ 60,000—100,000	210	225	247	299	309	332	434
4. „ 100,000—500,000	431	464	506 $^{1}/_{2}$	504	499	593	748
5. „ 500,000—1 Million	94	89	111	127	131	119	139
6. „ eine Million	62	71	82	85	86	96	111

In dieser Gruppirung sind die auffallenden Schwankungen der Ziffern beseitigt. Von Schätzungsjahr zu Schätzungsjahr zeigt sich eine erfreuliche Zunahme der Vermögen in jeder Grössenlage von Anfang bis zu Ende der Periode. Auch der kleine Rückschlag in der vierten Gruppe, der sich 1870 und 1881 erkennen lässt, hat wenig zu bedeuten; die Abnahme der ersten Gruppe im Jahre 1881 erklären wir leicht aus der veränderten Gesetzgebung, und ihr langsames Wachsthum bis 1887 aus der etwas übereilten Aufnahme zahlreicher kleiner Vermögen, welche früher niedriger taxirt worden waren, in die Klasse von Fr. 5000—8000. Allein man braucht nur die verhältnissmässige Stärke jeder Gruppe zu berechnen, um bald zu erkennen, dass nicht alles so einfach liegt. Von je 100 Pflichtigen versteuerten

Vermögen von Franken:	1868	1871	1875	1879	1881	1883	1887
1. bis zu 20,000	44,7	46,7	47,4	50,5	48,5	46,1	42,4
2. über 20,000— 60,000	28,1	26,5	26,7	24,8	26,1	27,1	26,3
3. „ 60,000—100,000	7,5	7,3	6,8	7,3	7,7	7,6	9,5
4. „ 100,000—500,000	14,6	14,9	13,8	12,8	12,4	13,0	16,7
5. „ 500,000—1 Million	3,5	2,8	3,1	3,1	3,5	2,1	3,1
6. „ eine Million	2,1	2,6	2,2	2,1	2,3	2,3	2,1

Auf den ersten Blick erkennt man aus der Bewegung der Ziffern, dass man es mit zwei scharf von einander geschiedenen Perioden zu thun hat. Von 1868—1879 wächst nur die Zahl der kleinsten Vermögen, die mittleren behaupten sich in ihrer verhältnissmässigen Stärke. Von 1881—1887 nehmen dagegen die kleinsten Vermögen an Zahl ab, und die übrigen nehmen, allerdings in sehr verschiedenem Masse, zu. Nur die zweitletzte Gruppe weist einen kleinen Rückschlag auf, der aber hinreichend ausgeglichen erscheint durch das stärkere Wachsthum der beiden benachbarten Gruppen.

Vielleicht werden folgende Ziffern die stattgehabte Verschiebung noch deutlicher machen. Es vermehrte sich die Zahl der Steuerpflichtigen jeder Gruppe:

Vermögen in Franken:	1868—1879 um Procent:	1881—1887 um Procent:	1868—1887 um Procent:
1. bis zu 20,000	58,5	1,5	(49,3)
2. über 20,000— 60,000	23,8	16,8	45,7
3. „ 60,000—100,000	42,4	40,4	108,7
4. „ 100,000—500,000	16,6	41,8	73,5
5. „ 500,000—1 Million	35,4	6,1	47,8
6. „ eine Million	37,1	29,1	79,6
Gesammt-Zuwachs . . .	40,8	15,6	(56,8)

Stärker als die Gesammtzahl der Steuerpflichtigen ist in der ersten Periode nur die Zahl der kleinsten Vermögen bis Fr. 20,000 und der mässigen von 60,000—100,000 gewachsen; in der zweiten dagegen bleibt die unterste Gruppe und diejenige der Halbmillionäre erheblich hinter der allgemeinen Zunahme zurück, während alle übrigen Gruppen rascher wachsen. Wie viel oder wie wenig man von diesen Veränderungen den Ergebnissen schärferer Einschätzung zuschreiben mag, eine gewisse Verschiebung der Wohlhabenheitsverhältnisse in der Bevölkerung wird nicht abzuleugnen sein. Um diese deutlicher hervortreten zu lassen, sind in der letzten Kolumne noch die Zuwachsprocente für den ganzen Zeitraum berechnet worden. Dieselben sind freilich für Gruppe 1 und für die Gesammtziffer nicht ganz richtig. Für die übrigen Gruppen aber, deren Grenzen in allen 20 Jahren die gleichen geblieben sind, dürfen wir ihnen schon vertrauen. Und hier ergibt sich denn, dass am stärksten die mässigen Vermögen von Fr. 60,000—100,000 zugenommen haben; in zweiter Linie stehen die Millionäre und die Gruppe mit ansehnlichen Vermögen von Fr. 100,000—500,000. Die Halbmillionäre und die kleinen Vermögen von Fr. 20,000—60,000 haben dem allgemeinen Zuge nicht zu folgen vermocht. Man darf daraus schliessen, dass die Brücke, welche die mittleren mit den kleinsten Vermögen, und diejenige, welche die Schicht der Millionäre mit der übrigen Menschheit verbindet, schmäler geworden sind. Oder mit andern Worten und konkret: es sind von 1868—1887 49 Halbmillionäre zu Millionären geworden; aber die Gruppe der Halbmillionäre hat aus derjenigen der Viertelsmillionäre nicht genügenden Nachschub erhalten, um ihre relative Bedeutung in der Bevölkerung zu behaupten. Und ebenso hat die Gruppe 3 aus Gruppe 2 einen Zuwachs von 224 Personen gewonnen; die dafür der Gruppe 2 neu beigetretenen 376 Pflichtigen genügten aber nicht, um das Verhältniss derselben zur Gesammtzahl der Vermögenssteuerpflichtigen aufrecht zu erhalten.

Was diesen Erscheinungen trotz der kleinen Zahlen, mit welchen unsere Statistik operirt, immerhin einige Beachtung sichert und auch allgemeinen Werth verleiht, ist die verhältnissmässig lange Beobachtungsperiode. Wir dürfen es wohl als erwiesen annehmen, dass ein gleichmässiges Wachsthum der verschiedenen Vermögensklassen in der Bevölkerung nicht stattfindet. In welchem Zusammenhang jedoch die Verschiebungen der Vermögensvertheilung mit den oben beobachteten Verschiebungen der Einkommensvertheilung stehen, ist schwer zu sagen, da für die Kombination der Einkommensklassen mit den entsprechenden Vermögensklassen keine sichern Anhaltspunkte vorhanden sind.

Ueber die Vertheilung des Ertrages der Vermögenssteuer geben die Tabellen XIII und XV hinreichend klare Auskunft. Dieselben lassen auch das Resultat der im Jahre 1887 eingeführten Progression deutlich hervortreten. Indessen ist doch die durch den veränderten Steuerfuss hervorgebrachte Abwälzung eines Theils der Steuer von den niedern auf die höhern Vermögensklassen nicht ganz so gross, wie sie die Verhältnissziffern erscheinen lassen. Man hat hier zu unterscheiden zwischen dem, was Folge der Progression und dem, was Folge der genauern Ermittlung der grössern Vermögen durch die Selbsteinschätzung ist.

Um die Vertheilung der Steuer übersichtlicher hervortreten zu lassen, empfiehlt es sich, die Tabelle XV hier noch in abgekürzter Form zu geben. Von je Fr. 100 Steuerertrag entfielen

auf die Vermögen	1868	1871	1875	1879	1881	1883	1887
bis zu Fr. 20,000	2,7	2,9	2,9	3,1	3,4	3,5	1,8
von Fr. 20,000— 60,000	7,5	7,4	7,6	7,6	7,6	7,7	3,9
„ „ 60,000—100,000	4,3	4,9	4,7	5,3	5,2	5,1	3,4
„ „ 100,000—500,000	29,1	28,9	26,3	23,6	22,5	24,3	21,9
„ „ 500,000—1 Million	19,3	17,6	17,1	19,4	19,7	16,4	18,3
„ über einer Million	35,9	38,5	40,4	40,4	40,6	42,4	50,7

Da der Steuerertrag jeder Gruppe das Produkt aus der Zahl der Pflichtigen und dem Steuersatz ist, und letzterer mit der Höhe des Vermögens wächst, so können diese Verhältnissziffern die Seite 41 beobachtete Bewegung nur sehr getrübt, bzw. abgeschwächt widerspiegeln. Namentlich zeigt die Ziffernfolge in der ersten Gruppe, dass die Befreiung der kleinsten Einkommen im Jahre 1881 den Steuerertrag relativ nicht geschmälert hat. Sehr schön treten die Resultate der Reform von 1887 hervor. Obwohl der Gesammtertrag der Steuer verdoppelt worden ist, so ist relativ doch bloss die Gruppe der Millionäre höher belastet worden. Alle übrigen Gruppen bringen einen verhältnissmässig geringern Theil der Steuer auf, obwohl natürlich die Vermögen von Fr. 100,000 aufwärts absolut höhere Beträge entrichten.

Tabelle XVI gibt einen Ueberblick über die finanziellen Ergebnisse der Vermögenssteuer seit ihrem Bestehen in Stadt- und Landbezirk, sowie über die Grösse des steuerpflichtigen Vermögens. Der Steuerertrag hat im Ganzen von 1867—1887 um 188 Procent zugenommen, während das Vermögen in derselben Zeit nur um 78,3, die Zahl der Steuerpflichtigen um 46,1 Procent gewachsen ist. Auffallend ist der Verlauf des Zuwachses zum Vermögen. Könnte man den Ziffern trauen, so wäre derselbe nur ruckweise erfolgt und zwar hauptsächlich in den Einschätzungsjahren. Nur in den volkswirthschaftlichen Fluthjahren von 1871—1873 wäre auch in der Zwischenzeit eine nicht unerhebliche Stärke der Vermögensbildung zu beobachten gewesen, während sonst in den Jahren zwischen je zwei Taxationen sogar kleine Rückschläge nicht ausgeschlossen gewesen wären. Es wird indess kaum des Beweises bedürfen, dass diesen auf den ersten Blick auffallenden Schwankungen in den Ziffern keine Vorgänge in der Wirklichkeit entsprechen. Sie sind zum guten Theile die Folge der vierjährigen Taxationsperioden, welche die allmähliche Neubildung von Vermögen in den Händen der bereits Taxirten immer für drei Jahre steuerfrei lassen, um sie im vierten bei der Revision heranzuholen. „In der Zwischenzeit finden Versetzungen von Steuerpflichtigen in andere Klassen nur statt, sofern ihr steuerbares Vermögen durch Erbschaft, Theilung, Heirat, Kauf oder Verkauf von Liegenschaften sich verändert hat. Ausnahmsweise kann die Steuerkommission eine Versetzung eintreten lassen, wenn aus andern Gründen ein erhebliches Missverhältniss eingetreten ist." Diese ganz im Charakter der Vermögenssteuer liegende Schonung der allmählichen Vermögensvermehrung entspricht einer durchaus billigen Forderung, und es ist nichts dagegen zu erinnern, wenn das Gesetz von 1887 sie beibehalten hat. Es hiesse zu grosse Ansprüche an die Gewissenhaftigkeit und Geduld der Pflichtigen machen, wenn man ihnen zumuthen wollte, jede kleine Kapitalisirung sofort der Steuerbehörde anzuzeigen. Dagegen scheinen die früheren administrativen Einrichtungen nicht ausgereicht zu haben, um auch alle diejenigen zur Steuer heranzuziehen, welche in den Jahren zwischen je zwei Taxationen neu mit steuerpflichtigem Vermögen unter die staatliche Steuergewalt traten. Man braucht nur die Ziffern in Spalte 2 und 9 der Tabelle XVIII zu vergleichen, um sich zu überzeugen, dass in den Jahren nach einer Taxation (z. B. 1882, 1884—1886) die Zahl der Vermögenssteuerpflichtigen abzunehmen pflegte, um beim nächsten Taxationstermin erst wieder über die Ziffer des vorausgegangenen emporzusteigen. Auch diesem Umstande ist ein Theil der scheinbaren Rückschläge zuzuschreiben, welche Tabelle XVI in der Bewegung des Gesammtvermögens aufweist.

Daraus ergibt sich, von wie geringem Werthe eine Vermögenssteuerstatistik für die Jahre zwischen denTaxationsterminen sein würde. Nicht viel Sinn würde es auch haben, Berechnungen darüber anzustellen, wie gross der Vermögensbetrag ist, der im Durchschnitt auf jeden Steuerpflichtigen in jedem der 20 Jahre entfällt; denn das Ergebniss der Selbsttaxation im Jahre 1887 hat klar genug gezeigt, wie weit die Schätzungen der Steuerkommission selbst noch im Jahre 1883 hinter der Wirklichkeit zurückgeblieben sind. Einen Durchschnittsbetrag des Vermögens gar auf den Kopf der Bevölkerung ausrechnen zu wollen, hiesse zu ganz falschen Vorstellungen Veranlassung bieten, da das steuerpflichtige Vermögen eben nicht alles in Basel vorhandene Vermögen umfasst. Für eine Schätzung des unterhalb der Grenze der Steuerpflicht liegenden Vermögens fehlt es aber an genügenden Anhaltspunkten, und ebenso vermögen wir nicht anzugeben, wie hoch sich der Werth der von der Besteuerung ausgenommenen Haus- und Feldgeräthschaften beläuft.

Ausser den hier angeführten Mängeln haben aber die Ziffern für die Grösse des steuerpflichtigen Vermögens, wie sie Tabelle XVI nach den offiziellen Angaben enthält, noch einen anderen Fehler. Sie sind in der Weise berechnet, dass die Untergrenze jeder Klasse, an welche gesetzlich der Steuerfuss anzulegen ist, als die Durchschnittsgrösse des Vermögens der zu der Klasse gehörigen Pflichtigen betrachtet worden ist. Durch Multiplication dieser Zahl mit der Zahl der Steuerpflichtigen ist dann das Gesammtvermögen jeder Klasse ermittelt worden. Es bedarf keines langen Beweises, dass diese Rechnungsweise den wirklichen Verhältnissen nicht entspricht. Nach dem, was oben über die Schichtung der Steuerpflichtigen innerhalb einer Klasse dargelegt worden ist, muss angenommen werden, dass überall die Zahl der Vermögen, welche der Obergrenze einer Klasse nahe liegen, grösser ist, als die Zahl derjenigen, deren Betrag die Untergrenze nur wenig übersteigt. Ja es darf selbst angenommen werden, dass in den meisten Klassen eine Anzahl Vermögen sich finden wird, welche bei scharfer ziffermässiger Einschätzung eigentlich der nächsthöhern Klasse zuzuweisen gewesen wären, ganz wie bei der Gemeindesteuer. Darnach würde man zweifellos weniger von der Wahrheit abweichen, wenn man behufs der Berechnung des Gesammtvermögens die Zahl der Steuerpflichtigen mit dem Endbetrage der Klasse multiplizirte, als wenn man den Anfangsbetrag dazu benutzte. So weit zu gehen schien indessen nicht angezeigt. In der neuen Berechnung des steuerpflichtigen Gesammtvermögens, welche Tabelle XVII in Spalte 6 bietet, ist, ähnlich wie bei der analogen Berechnung des Einkommens in Tabelle XI, der arithmetische Durchschnitt der Klassensätze als Multiplicator benützt worden. Wie gross schon hierbei die Abweichungen von der offiziellen Berechnung sind, ergibt eine einfache Vergleichung der Spalten 5 und 6. Das steuerpflichtige Gesammtvermögen stellt sich um 33 Millionen grösser heraus, als bei Annahme der offiziellen Ziffer. Wahrscheinlich ist aber auch die neue Zahl noch zu niedrig.

Immerhin können wir 600 Millionen als den ungefähren Betrag des Erwerbsvermögens in Basel betrachten, indem wir was etwa an Gebrauchsvermögen zur Besteuerung kommen mag, auf den Betrag schätzen, um welchen unsere Berechnung hinter der Wirklichkeit zurückbleibt. Nehmen wir die Rentabilität aller Arten von Kapitalanlage und den Werth der reinen Nutzung von Wohnhäusern, Gärten u. dgl. im Durchschnitt auf 4 Procent an, so würde jenen 600 Millionen eine Rente [1]) von 24 Millionen entsprechen. Dies wäre also der Belauf des „fundirten Einkommens" in der Stadt Basel. Die gesammte auf dieses 24 Millionen Rente entfallende Vermögenssteuer beträgt Fr. 924,763 oder von je hundert Franken Rente Fr. 3. 85.

Es liegt nahe, die hier berechnete Summe des Renten-Einkommens mit dem Gesammtbetrag des Einkommens zu vergleichen, den wir oben (Seite 34) auf 57—58 Millionen geschätzt haben. Von dem ganzen Einkommen der Basler Bevölkerung würden darnach etwas über $^2/_5$ Renteneinkommen und gegen $^3/_5$ Arbeitseinkommen sein. Es ist dabei ausser Anschlag geblieben, dass das auf Grund der Vermögenssteuer berechnete Gesammtvermögen und demgemäss auch die Rente desselben Bestandtheile mit enthält, welche ausserhalb Basels wohnenden Personen zuge-

---

[1]) Der Kürze wegen wird hier unter dem Ausdruck Rente nicht bloss der Kapitalzins, sondern auch die Grund- und Häuserrente zusammengefasst, einerlei ob letztere in Gestalt von Pacht- und Miethzins einen konkreten Bestandtheil des Einkommens bildet oder in selbstgenossener Nutzung besteht. Es ist dies deshalb nothwendig, weil bei der Einkommens- und Erwerbsteuer, sowie der städtischen Gemeindesteuer ein dem Miethwerth der eigenen Wohnung entsprechender Betrag als Einkommen zu versteuern ist, die auf Grund dieser Steuern gemachten Berechnungen des Gesammteinkommens also auch diesen Nutzungswerth mit enthalten.

hören. Denn der Basler Vermögenssteuer unterliegt auch das im Kanton befindliche Vermögen Auswärtswohnender, sofern dasselbe in Liegenschaften besteht oder als Betriebsfonds in ein ihnen gehöriges hiesiges Geschäft gelegt ist oder hier unter vormundschaftlicher Verwaltung steht (§ 8 des Gesetzes). Diese Vermögenstheile von dem Gesammtvermögen der in Basel wohnhaften Bürger und Niedergelassenen auszuscheiden, ist leider nicht möglich. Allein ein sehr grosser Fehler dürfte durch seine Einrechnung kaum begangen sein. Oder vielmehr dieser Fehler wird dadurch einigermassen ausgeglichen, dass bei unserer Berechnung alle Vermögen unter Fr. 5000, sowie das Vermögen von Witwen mit minderjährigen Kindern im Betrage von nicht über Fr. 20,000 und von minderjährigen Waisen im Betrage von nicht über Fr. 6000 ausser Ansatz geblieben, bzw. als reine Gebrauchsvermögen angesehen worden sind, obwohl ein Theil derselben zweifellos ebenfalls Rente, bzw. goldwerthe Nutzung gibt.

Das oben ungefähr festgestellte Verhältniss zwischen Arbeits- und Renten-Einkommen ist natürlich nicht so zu verstehen, als ob nur das erstere das Ergebniss der Arbeit und Betriebsamkeit der Basler Bevölkerung wäre. Auch die Rente fällt nicht vom Himmel den Glücklichen in den Schooß; sie muss irgendwo und von irgendwem erarbeitet werden. Nun zeigt die einfache Beobachtung, dass ein beträchtlicher Theil der Basler Vermögen in einheimischen Handelsgeschäften, Industrieanlagen und sonstigen Gewerben, Miethhäusern und Leihkapitalien angelegt ist, und hier durch den Fleiss der Bevölkerung nutzbar gemacht werden muss. Die diesem Theile des Vermögens entspringende Rente ist in letzter Linie ebenfalls Basler Arbeitsprodukt. Wie gross daneben der Betrag sein mag, welcher in fremden Werthpapieren, auswärtigen Liegenschaften und Gewerben angelegt ist, vermag niemand zu sagen. Nur sein Zinsertrag würde vom Standpunkte des Baslers als reine Rente angesehen und dem Basler Arbeitseinkommen gegenübergestellt werden können.

Tabelle XVII zeigt ausserdem das ganze Detail der Steueranlage nach dem neuen Gesetze. Sie böte in ihrer reichen Gliederung Gelegenheit zu mancherlei Beobachtungen. Es soll hier indessen nur auf einen Punkt aufmerksam gemacht werden, welcher einigermassen die Festhaltung der Klassen rechtfertigt, indem er zeigt, dass auch bei der Selbsttaxation genaue ziffermässige Angaben über die Höhe der Einzelvermögen nicht erzielt werden. Es ist dies die eigenthümliche Art des Abfalls der Zahlen der Steuerpflichtigen (Spalte 4), welcher hervortritt, sowie man die Folge der Klassen von unten auf nach einander mustert. Vergleicht man z. B. die Zahlen der Pflichtigen für Klasse VI, XII, XVI, XVIII, XIX, XXVII, XXXI mit den Ziffern für die benachbarten Klassen, so bemerkt man leicht, wie auch die Selbsteinschätzung — ähnlich dem Sprachgebrauch des gemeinen Lebens — eine Vorliebe hat für runde Zahlen, wie 50,000, 100,000, 200,000, eine viertel Million, eine halbe Million, drei viertel Million u. s. w. Die Schichtung der Steuerpflichtigen nach dem Vermögen weicht also, nach den Resultaten der Selbsteinschätzung von 1887 beurtheilt, ebenfalls von der Pyramidenform ab, indem sie an diesen Stellen sozusagen starke Ausbuchtungen zeigt, denen unmittelbar um so stärkere Einschnürungen folgen.

Die Ziffern in den vier letzten Spalten zeigen das gegenseitige Verhältniss der Zahl der Steuerpflichtigen, des von ihnen versteuerten Vermögens und der entrichteten Steuersummen durch alle 47 Klassen, für welche offizielle Nachweisungen vorliegen. Die grosse Anzahl der Klassen macht das Bild etwas unübersichtlich. Es wird sich empfehlen, dasselbe etwas durchsichtiger zu gestalten, indem wieder, wie oben, die Resultate für bloss 6 Vermögensgruppen zusammengefasst werden. Es entfielen:

auf die Vermögen:	von je 100 Steuerpflichtigen:	von je Fr. 100 Steuererung:	von je Fr. 100 Vermögen:
1. von Fr. 5000— 20,000	42,6	1,6	3,3
2. „ „ 20,000— 60,000	26,3	3,9	7,1
3. „ „ 60,000—100,000	9,5	3,4	5,7
4. „ „ 100,000—500,000	16,4	21,9	26,5
5. „ „ 500,000—1 Million	3,1	18,5	16,4
6. „ über eine Million	2,4	50,3	41,4

Man muss diese drei Zahlenreihen neben einander betrachten, wenn man das Gesetz gerecht würdigen will. Es klingt ja hart, wenn wir hören, dass der zweiundvierzigste Theil der Steuerpflichtigen die Hälfte der Vermögenssteuer zahlt. Sehen wir aber, dass dieses kleine Häuflein von wenig über 100 Personen über mehr als $^2/_5$ alles in Basel vorhandenen steuerpflichtigen Vermögens verfügt (250 Millionen), so gewinnt die Sache ein anderes Gesicht. Und ebenso wird es nicht mehr befremden, dass über $^1/_3$ der Steuerpflichtigen nur den fünfundfünfzigsten Theil der Steuer tragen, wenn man weiss, dass sie nur den achtundzwanzigsten Theil des Vermögens besitzen und dass hier 44 Millionen in sehr mässigen Beträgen unter fast 2000 Personen zerstreut sind. Auf die stärkeren Schultern die stärkere Last zu laden, die Vermögensbildung in den schwächern Klassen nicht zu beeinträchtigen, die überlegene Anhäufungskraft des grossen Kapitals voll zu würdigen, das ist der tiefere Grund der Progression bei der Vermögenssteuer.

6. Das Zusammenwirken der drei direkten Hauptsteuern.

Bei der Beurtheilung des Basler Steuersystems wird nur zu oft der grosse Fehler begangen, dass nur eine der drei allgemeinen direkten Steuern in's Auge gefasst wird oder bloss eine Klasse der Bevölkerung, während die übrigen bei Seite gelassen werden. Es ist ja auch nicht leicht, drei Steuern mit so verschiedenen Angriffspunkten und so verschiedener Tragweite neben einander und in ihrem Zusammenwirken sich zu vergegenwärtigen. Die Statistik vermag dabei leider nur geringe Hülfe zu bieten. Auch ihre Mittel sind für die Darstellung komplicirter Verhältnisse unzulänglich; sie muss Zusammengehöriges trennen und innerlich Unverwandtes äusserlichen Merkmalen zu Liebe vereinigen. Oft kann sie, wo sie die Feinheit des Gliederbaues eines socialen Organismus nachweisen möchte, ihren Zweck nur mit dem groben Verfahren der Sektion erreichen.

Dennoch ist in den Tabellen XVIII—XX der schüchterne Versuch gemacht worden, auch diejenigen Verhältnisse tabellarisch darzustellen, welche sich aus dem Zusammenwirken der drei direkten Hauptsteuern Basels ergeben. Jede dieser Tabellen erfasst den Gegenstand nur von einer bestimmten Seite, und es ist die Aufgabe dieser Zeilen, diese einseitigen Aufnahmen in einen gewissen Zusammenhang zu bringen und sie mit Zuhülfenahme früherer Ermittelungen zu erläutern.

Erinnern wir uns, dass jede der drei direkten Hauptsteuern verschiedene Personenkreise und verschiedene Einkommensarten erfasst. Gewisse Personen und Einkommen werden von der

Vermögenssteuer, der Einkommens- und Erwerbssteuer und der städtischen Gemeindesteuer zugleich betroffen, andere wieder von der Einkommenssteuer und der Gemeindesteuer, andere bloss von der Gemeindesteuer, andere gar nicht. Wir unterscheiden darnach: dreifach besteuerte Personen und Einkommen, zweifach besteuerte, einfach besteuerte und unbesteuerte. Vermögensrente ist meist dreifach besteuert, Arbeitseinkommen, welches seiner Höhe nach in die Grenze der Einkommenssteuer fällt, zweifach, Arbeitseinkommen, welches zwischen dem Mindestbetrage der Gemeindesteuer und demjenigen der Einkommenssteuer liegt, einfach. Steuerfrei sind alle Einkommen, welche den Betrag von Fr. 800 nicht erreichen. Ebenso bleibt die Rente von kleinen Vermögen, welche Fr. 5000 nicht übersteigen, unbesteuert. Freilich lässt sich ausser den oben angegebenen noch ein anderer Fall der Steuerkombination denken. Vermögensrente, deren Betrag zwischen dem Existenzminimum der Einkommenssteuer und demjenigen der Gemeindesteuer liegt, wird ebenfalls zweifach getroffen: durch die Vermögenssteuer und die Gemeindesteuer. Aber der Fall reinen Rentencinkommens in dieser Höhe dürfte relativ selten sein und kann hier füglich ignoriert werden. Endlich ist noch des Falles zu gedenken, dass die Rente eines kleinen besteuerten Vermögens mitsammt etwaigem Arbeits-Erwerb keine 800 Franken ergibt. Für dieses ist die Vermögenssteuer die einzige Steuer.

Tabelle XVIII zeigt die ganze steuerpflichtige Bevölkerung Basels, soweit sie von den drei Hauptsteuern betroffen wird, in einem Ueberblick. Man erkennt leicht, wie jede dieser Steuern einen bestimmten Kreis der Bevölkerung erfasst und wie sich diese Kreise in dem Masse verengern, als die Steuern zusammenwirken. Allerdings wäre zur Vervollständigung des Bildes nothwendig, die Zahl der gänzlich Steuerfreien zu kennen; allein auch wenn dieselbe sich feststellen liesse, so würde sie der Vergleichbarkeit mit den Zahlen der Besteuerten entbehren, da wir nicht wissen, welche Zahl von Familienangehörigen hinter den Steuerfreien und den Steuerpflichtigen steht, und vermuthen müssen, dass dieselbe relativ verschieden gross ist. Setzen wir die Zahl der Pflichtigen derjenigen Steuer, welche am weitesten greift, der städtischen Gemeindesteuer, gleich 100, und nehmen für einen Augenblick an, dass jeder Vermögenssteuerpflichtige und jeder Einkommenssteuerpflichtige auch Gemeindesteuer zahlte, so waren von allen überhaupt Steuerpflichtigen

	1881	1887
	Procent	Procent
dreifach besteuert	21,5	20,4
zweifach besteuert	17,1	22,5
einfach besteuert	61,4	57,1

Es kann nicht geleugnet werden, dass diese Verhältnisszahlen die Dinge einfacher erscheinen lassen, als sie in Wirklichkeit sind. Denn in Wirklichkeit wird es immer eine Anzahl von Personen in den genannten Jahren gegeben haben (z. B. Verheiratete mit einem Einkommen von Fr. 800—1200 und Witwen mit Fr. 800—1500), welche Vermögens- und Gemeindesteuer zahlten, ohne der Einkommenssteuer zu unterliegen. Sodann ist zu beachten, dass die Zahlen für die Vermögens- und Einkommenssteuerpflichtigen eine gewisse Anzahl Auswärtiger enthalten (vgl. S. 16 und 45), welche als solche von der Gemeindesteuer entbunden sind. Allein im Ganzen bringen jene Procentualziffern das thatsächliche Verhältniss doch auf einen kurzen ungefähr richtigen Ausdruck. Sie zeigen die Tragweite des Gesetzes über die direkten Steuern innerhalb desjenigen Theils der Bevölkerung, welchen irgend eine derselben ergreift.

Auf die Verschiebung der Verhältnissziffern von 1881 auf 1887 ist dabei kein besonderes Gewicht zu legen. Sie ist in der Hauptsache die Folge von Aenderungen der Gesetzgebung, und dasselbe gilt von ähnlichen Erscheinungen, die uns sonst bei näherer Betrachtung der Ziffern in Tabelle XVIII entgegentreten, wie die Abnahme der Gemeindesteuerpflichtigen, die Verschiebung des Verhältnisses zwischen Bürgern und Niedergelassenen einerseits und Aufenthaltern andererseits. Alles dies ist gehörigen Orts bereits erläutert worden. Einigermassen auffallend gestalten sich die bezüglichen Verhältnisse in den Landgemeinden, die wir sonst von unserer Betrachtung ausgeschlossen haben, da sie die städtische Gemeindesteuer nicht entrichten. Im Jahre 1881 entfiel ein Steuerpflichtiger

	in der Stadt	im Landbezirk
bei der Vermögenssteuer auf .	16	22 Seelen
,, ,, Einkommenssteuer auf	8—9	21 ,,

Dies erklärt sich indessen leicht aus der geringeren Wohlhabenheit der Bevölkerung in den Landgemeinden. Auffallender dagegen ist, dass in demselben Jahre im Landbezirk die Zahl der Vermögenssteuerpflichtigen genau so gross war wie diejenige der Einkommenssteuerpflichtigen, während in der Stadt die erstere sich zur letzteren fast wie 4:7 verhält. Allerdings hat sich dieses Verhältniss in den Landgemeinden während der letzten sieben Jahre geändert. Im Jahre 1887 waren aber immer noch auf je 100 Einkommenssteuerpflichtige im Landbezirk 80 und in der Stadt nur 54 vermögenssteuerpflichtig. Der Unterschied scheint sich daraus zu erklären, dass auf dem Lande früher fast nur die durch die Vermögenssteuer leicht zu fassenden Grundbesitzer ein in die Grenzen der Einkommens- und Erwerbssteuer fallendes Einkommen besassen, während in neuester Zeit sich auch eine Anzahl Personen mit etwas höherem Arbeitseinkommen dort angesiedelt hat. Immerhin darf die Frage aufgeworfen werden, ob eine Steuer wie die Einkommenssteuer, welche in ihrem ganzen Belaufe zu einer für den Landwirth ungünstigen Zeit (im April) entrichtet werden muss und eine ziffernmässig genaue Ermittlung des Einkommensbetrages in Geld voraussetzt, für den Landbezirk passend ist. Vielleicht wäre der dortigen Bevölkerung besser gedient mit einer Klassensteuer, ähnlich der städtischen Gemeindesteuer, welche auf den Durchschnittsbetrag des Einkommens abstellte und in Vierteljahrsraten erhoben würde.

Kehren wir nach dieser Abschweifung zum Stadtbezirk zurück, so erhebt sich die Frage, wie sich das Zusammenwirken der drei Steuern, welches oben mit Rücksicht auf die Bevölkerung bestimmt worden ist, in Beziehung auf das Einkommen derselben gestaltet. Wir haben früher (S. 34) das gesammte Einkommen auf 57—58 Millionen Franken geschätzt. Davon unterlagen 1887 (nach Tabelle XI) der am weitesten greifenden städtischen Gemeindesteuer 52½ Millionen, der Einkommenssteuer (nach der Berechnung S. 20) 48⅔ Millionen, der Vermögenssteuer 24 Millionen (als Rente eines Gesammtvermögens von 600 Millionen, nach S. 44). Oder mit andern Worten: von dem gesammten Einkommen der Bevölkerung waren im Jahre 1887:

	Mill. Fr.	Procent
dreifach besteuert	24	41,4
zweifach besteuert	24,4	42,1
einfach besteuert	4,1	7,0
unbesteuert	5,4	9,5

Diese Ziffern, welche die verschiedene Steuerbelastung des Einkommens veranschaulichen, sind natürlich nicht direkt vergleichbar mit denen, welche oben bezüglich der verschiedenen Steuerbelastung der Bevölkerung ermittelt wurden. Es braucht auch kaum noch darauf aufmerksam gemacht zu werden, dass sie nur richtig sind unter ganz bestimmten Voraussetzungen, die wieder für jede sich verschieden gestalten und bereits bei den einzelnen Einkommensberechnungen erörtert wurden. Eine gemeinsame Voraussetzung aller ist die, dass von den Pflichtigen wissentlich kein Einkommen der Besteuerung entzogen wird. Diese Annahme kommt glücklicher Weise in Basel der Wahrheit näher als an vielen anderen Orten. Es ist hier gewiss nur ein kleiner Theil der Bevölkerung, der es nicht für tief unanständig hält, seine Steuern zu hinterziehen. Gerade darum kommt auch der Basler Steuerstatistik, trotz der Kleinheit ihrer Ziffern, verhältnissmässig ein so hoher Werth zu. Die grossen Ziffern grösserer Staaten entbehren auf diesem Gebiete meist der inneren Wahrheit.

Aus demselben Grunde darf auch die Tabelle XIX eine ganz besondere Beachtung für sich in Anspruch nehmen. Dieselbe ist ein Versuch, die Verbindung von Einkommen und Vermögen in der Bevölkerung, und zugleich die Kombination von Einkommensbesteuerung und Vermögensbesteuerung zur Anschauung zu bringen. Es geschieht dies in der Weise, dass für jeden Steuerpflichtigen, welcher städtische Gemeindesteuer zahlt, zugleich ermittelt worden ist, welcher Klasse der Vermögenssteuer derselbe angehört.[1]) Dass von den beiden Arten der Basler Einkommensbesteuerung die städtische Gemeindesteuer dieser Aufstellung zu Grunde gelegt worden ist, findet darin seine Rechtfertigung, dass diese Steuer einfacher ist und tiefer greift als die Einkommens- und Erwerbsteuer. Auch empfahl es sich mehr, das Durchschnittseinkommen einer längeren Periode als die zufällige Einkommensgestaltung eines bestimmten Jahres der Vermögensvertheilung gegenüberzustellen. Selbstverständlich musste, um beiderseits Ziffern zu erhalten, welche einander decken, für die Darstellung der Ergebnisse der Gemeindesteuer derjenige Erhebungstermin gewählt werden, welcher dem Bezug der Vermögenssteuer am nächsten liegt. Es ist deshalb die Vertheilung der am Ende des dritten Quartals 1887 erhobenen Gemeindesteuer mit der Vertheilung der im November des gleichen Jahres bezogenen Vermögenssteuer kombinirt worden.

Einer solchen Verbindung stellte sich indessen ein Hinderniss entgegen. Die städtische Gemeindesteuer greift auf eine Personenkategorie über, welche der Vermögenssteuer nicht unterworfen ist. Es sind dies die Aufenthalter, und obwohl solche, auch wenn dem Steuergesetz sie der Vermögenssteuer unterwürfe, thatsächlich nur in ganz vereinzelten Fällen (aus Mangel steuerbaren Vermögens) zu derselben würden herangezogen werden können, so schien es doch richtiger,

---

[1]) Die mühevolle Arbeit ist auf den Wunsch des Verfassers von Herrn Steuersekretär Rudin ausgeführt worden. Es möge gestattet sein, ihm auch an dieser Stelle dafür bestens zu danken.

sie von unserer Aufstellung auszuschliessen und diese auf die fest ansässige Bevölkerung, die Bürger und Niedergelassenen, zu beschränken. Auf der andern Seite unterliegen der Vermögenssteuer zahlreiche Personen, welche keine Gemeindesteuer entrichten. Es sind dies:

1. Besitzer kleiner Vermögen, welche keine 800 Franken Einkommen haben,
2. die Auswärtswohnenden, welche im Kanton Vermögenstheile in Liegenschaften, Geschäften oder unter vormundschaftlicher Verwaltung haben,
3. Minderjährige unter Vormundschaft.

Alle diese Personen mussten von unserer Aufstellung ausgeschlossen werden. Es sind ihrer im Ganzen 857, so dass nur 3729 Vermögenssteuerpflichtige übrig bleiben, welche zugleich Gemeindesteuer entrichteten.

Zuverlässig beantwortet Tabelle XIX somit nur die Frage, ob die zur Gemeindesteuer eingeschätzten Personen einer Klasse auch Vermögenssteuer zahlen, und wenn dies der Fall ist, zu welcher Vermögenssteuerklasse sie gehören, also zwischen welchen Grenzen der Werth ihres steuerpflichtigen Vermögensbesitzes liegt. Dagegen kann nur für etwas mehr als ¹/₃ der Vermögenssteuerpflichtigen aus dieser Aufstellung ersehen werden, welcher Klasse der Gemeindesteuer sie angehören. Die von letzterer Ausgeschlossenen lassen sich indessen leicht durch Abzug der Quersummen unserer Tabelle von den entsprechenden Zahlen von Tabelle XVII, Spalte 4, ermitteln.

Um den Leser in den Stand zu setzen, den Steuerbetrag, welcher auf jede Art der Kombination von Vermögen und Einkommen insgesammt entfällt, leicht zu berechnen, sind im Kopfe der Tabelle XIX unter den Klassensätzen der Gemeindesteuer die entsprechenden Gemeindesteuerbeträge und im Vordruck neben den Klassensätzen der Vermögenssteuer die Vermögenssteuerbeträge ausgeworfen. Um die Gesammtbelastung des Einkommens zu finden, ist natürlich dazu noch der entsprechende Betrag der Einkommens- und Erwerbssteuer zu addiren.

Dies ist jedoch hier nur nebensächlich. Der Hauptzweck und der Hauptwerth unserer Tabelle liegt darin, dass sie fast für die ganze ansässige städtische Bevölkerung zeigt, wie sich Besitz und Erwerb mit einander verbinden, oder genauer, wie weit die Einkommensgestaltung vom Vermögensbesitz beinflusst wird. Um diesen Nachweis leisten zu können, war es nothwendig, nicht bloss diejenigen Einkommen, deren Höhe in irgend einem Grade vom Vermögen abhängig ist, ziffermässig darzulegen, sondern auch eine besondere Rubrik für diejenigen zahlreichen Einkommen zu bilden, deren Empfänger nennenswerthes Vermögen nicht besitzen. Es ist dies in der Weise geschehen, dass der untersten Vermögenssteuerklasse eine weitere Klasse vorgeschoben worden ist: „Vermögen unter Fr. 5000." Hier sind diejenigen Steuerpflichtigen nachgewiesen, welche wohl Gemeindesteuer, nicht aber auch Vermögenssteuer zahlen.

Ein berühmter englischer Staatsmann, dessen glänzendste Leistungen vielleicht auf dem Gebiete der Finanzen liegen, Gladstone, hat einmal den Ausspruch gethan, die Aufgabe, das Verhältniss von Arbeit und Talent zum Besitz in seinen unzähligen Formen zu messen und in Zahlen auszudrücken, gehe über menschliche Kräfte hinaus. Nun, wir dürfen vielleicht ohne Uebertreibung sagen, dass in unserer Tabelle dieses schwierige Problem annähernd gelöst ist. Allerdings bloss annähernd. Denn man würde irren, wenn man ohne Weiteres annehmen wollte, dass jedes Einkommen, welches den Betrag der bei ordnungsmässiger Nutzung und umsichtiger Anlage üblichen Rente des Vermögens übersteigt, in dem Masse, als es dies thut, durch Arbeit und Talent erworben sein müsse. In den allermeisten Fällen wird dies ja zweifellos zutreffen. Aber es kann auch Einkommen geben, das nicht aus Arbeit stammt und dessen Quelle auch nicht der Vermögenssteuer unterliegt. Es ist dies das Einkommen aus lebenslänglichen Nutzungen und Renten, die anderwärts wohl mit ihrem Kapitalwerth zur Vermögenssteuer herangezogen werden. Allein diese Ausnahme ist offenbar von keinem grossen Belang und dürfte den Werth der aus unsern Ziffern zu ziehenden Schlüsse nicht wesentlich beeinträchtigen. Pensionen, die ebenfalls bloss der Einkommensbesteuerung unterliegen, sind nachempfangenes Arbeitseinkommen und müssen auch steuerlich und statistisch als solches behandelt werden.

Nun wird man fragen: wie soll es möglich sein, den Antheil des Vermögens und der Arbeit am Einkommen gegeneinander abzugrenzen, da doch ersichtlich die Rentabilität des Vermögens eine sehr verschiedene ist? Allerdings weist Tabelle XIX Fälle auf, in welchen die Vermögensrente bis gegen 2 Procent herabsinkt. Allein darauf kommt sehr wenig an. Bei der traditionellen Art der Basler Vermögenssteuereinschätzung darf angenommen werden, dass unter Voraussetzung guter Verwaltung eine Rente von 4 Procent des Taxationswerthes der Steuer erzielt wird. Wenn dem der niedere Zinsfuss der Gegenwart zu widersprechen scheint, so ist zu bedenken, dass es sich hier in den allermeisten Fällen um alt angelegtes Vermögen handelt, welches, soweit es in Werthpapieren besteht, vielfach nicht zu seinem heutigen Kurswerth, sondern nach dem Ankaufskurse eingeschätzt wird. Ebenso pflegen bei Häusern, Liegenschaften u. dgl. etwaige Werthsteigerungen, die seit der Erwerbung erfolgt sind, nicht oder doch nur sehr unvollkommen in Anschlag gebracht zu werden, so lange diese Objekte nicht den Besitz wechseln. Nehmen wir darnach eine vierprocentige Verzinsung, bzw. einen vierprocentigen Nutzungswerth des Schatzungs-Vermögens als Normalsatz an, so wird jedes Einkommen, welches hinter dieser Rente zurückbleibt, als reines Renten-Einkommen angesehen werden dürfen. Jedes Einkommen, das die vierprocentige Rente des Vermögens übersteigt, ist gemischtes Einkommen. Hier sind nun unzählige Kombinationen von Arbeit und Rente möglich. Einkommen, welches überhaupt ohne Vermögensbetheiligung zu Stande kommt, ist reines Arbeits-Einkommen.

Es kann nun keine Rede davon sein, nach diesen drei Kategorien eine Musterung der fast 250 mit Zahlen besetzten Fächer der Tabelle XIX vorzunehmen. Fast jede Quer- und Längszeile derselben bietet Gelegenheit zu interessanten Beobachtungen und regt Fragen an, auf die nur eine eindringende, auf Personal- und Sachkenntniss beruhende Würdigung des einzelnen Falles zutreffende Antwort geben könnte. Allein das Detail ist nicht Sache der Statistik, sondern die Massenbeobachtung. Und in dieser Hinsicht zeigt unsere Zusammenstellung zunächst, dass rein aus Arbeit Einkommen, welche Fr. 10,000 überschreiten, in Basel wenigstens, nicht erzielt werden. Selbst die Zahl der Personen, welche auf diesem Wege Fr. 6000—10,000 erwerben, ist eine sehr bescheidene. Dagegen wird von solchen, welche ein Vermögen auch nur von Fr. 20,000 besitzen, unter Umständen schon ein Durchschnittseinkommen von Fr. 10—15,000 erzielt, ja ein Glücklicher bringt es damit gar auf Fr. 15—20,000, und ein anderer erwirbt diese Summe bei einem Besitze von Fr. 8—12,000. Allerdings, je höher das Vermögen, um so höher ist auch im Allgemeinen das durchschnittliche Einkommen. Dennoch rücken unsere Ziffern, die im oberen Theile der Tabelle mit dem Wachsen des Vermögens eine sehr energische Bewegung nach den Spalten der hohen Einkommen auf der rechten Seite eingeschlagen hatten, später weit langsamer vor, obwohl die Abstände der Vermögensklassen nach dem untern Ende zu immer grösser werden. Das heisst: das Einkommen scheint nicht proportional dem Vermögen zuzunehmen — vielleicht weil bei einer gewissen Sättigung mit Vermögen die Betriebsamkeit erlahmt oder doch hinter der natürlichen Accumulationskraft des Kapitals zurücktritt. Die höchsten Vermögen weisen indessen noch immer eine sehr ansehnliche Rentabilität auf. Unter 4 Procent sinkt dieselbe doch nur in Ausnahmefällen herab.

Wenden wir uns nach diesen flüchtigen Bemerkungen zu einer methodischen Behandlung der Hauptfrage, der Betheiligung von Arbeit und Vermögen beim Einkommenserwerb, so erfordert diese eine völlige Umarbeitung der Tabelle. Wir haben die Angehörigen jeder einzelnen Einkommensklasse wieder zu zerlegen in die oben festgestellten Kategorien: Gemeindesteuerpflichtige mit reinem Arbeits-Einkommen, welche kein Vermögen versteuern, Personen mit gemischtem Einkommen und solche mit Renten-Einkommen. Nehmen wir 4 Procent als normale Rente an, so können wir Steuerpflichtige, deren Vermögen bei dieser Rentabilität höchstens die Hälfte ihres Einkommens geliefert haben kann, als solche mit vorwiegendem Arbeits-Einkommen bezeichnen. Diejenigen Steuerpflichtigen dagegen, deren Vermögensrente bei 4 Procent die Hälfte ihres Einkommens übersteigt, haben vorwiegend Renten-Einkommen. Ausserdem unterscheiden wir beim Renten-Einkommen solches, welches eine 4procentige Rentabilität voraussetzt, und solches, welches unter diesem Satze bleibt. Von dem erstern mag man annehmen, dass seine Gewinnung immer noch einen Zusatz von Arbeit erfordert, während bei letzterem eine andere Mühewaltung als diejenige der Vermögens-Anlage und -Verwaltung ausgeschlossen erscheint. Wir erhalten so für jede Einkommensklasse fünf Kategorien. Die Eintheilung der Steuerpflichtigen in diese Kategorien, wie sie die folgende Zusammenstellung zeigt, bot nur an den Stellen Schwierigkeiten, wo zwei Kategorien von Rentenempfängern in einer Klasse der Gemeindesteuer sich kreuzen. Hier wurde die betreffende Zahl unter beide getheilt. So finden wir (um die Sache an einem Beispiel zu verdeutlichen) unter den Besitzern von Fr. 70,000—80,000 Vermögen 19, welche ein Einkommen von Fr. 3000—4000 versteuern. Die Normalrente von Fr. 70,000—80,000 Vermögen beträgt Fr. 2800—3200. Es wird also unter Voraussetzung einer gleichmässigen Schichtung der verschiedenen Vermögenslagen innerhalb der Klasse (Fr. 7100—7200—7300 etc.) die Hälfte jener 19 Personen über, die Hälfte unter Fr. 3000 Rente gehabt haben. Die letztere Hälfte (10) scheiden wir der Gruppe mit vorwiegendem Renten-Einkommen zu, die erste (9) derjenigen mit Renten-Einkommen zu 4 Procent. Auf diese Weise erhalten wir die auf der folgenden Seite abgedruckte Tabelle.

Zur Erläuterung derselben genügen wenige Bemerkungen.

Die Unbegrenztheit der obersten Klasse der Gemeindesteuer (Einkommen von mehr als Fr. 200,000) macht es leider unmöglich, auch für diese die Rentabilität des Vermögens festzustellen. Allein bei der winzigen Zahl von Personen, welche diese seltene Höhe des Einkommens lediglich der Vermögensrente verdanken, lässt sich wohl eine Theilung der Zahl vornehmen, ohne dass wir fürchten müssen, das Gesammtresultat in seinem statistischen Werthe zu beeinträchtigen. Wir erhalten dann 547 Personen, welche unter Voraussetzung eines Zinsertrages von 4 Procent ihr Einkommen lediglich aus der Vermögensrente ziehen und 169 Personen, welche eine geringere Rente gewinnen.

Die Berufsstatistik von 1880 ergab 1613 „erwerbende" Personen aus der Klasse der „Rentiers und Partikulare", 459 männliche und 1154 weibliche, dazu 1395 Familienangehörige und

Klassen der Gemeindesteuer	Höhe des Einkommens	Gemeindesteuerpflichtige Personen					zusammen
		I. mit reinem Arbeits-Einkommen	II. mit gemischtem Einkommen, a) vorwiegend aus Arbeit	b) vorwiegend aus Rente	III. Renten-Einkommen, a) Renten von u. 4%	b) Renten unter 4%	
I	800— 1,200	7,092	86	56	35	4	7,273
II	1,200— 1,500	1,956	95	33	17	3	2,104
III	1,500— 2,200	1,783	217	76	34	6	2,116
IV	2,200— 3,000	967	541	122	40	22	1,692
V	3,000— 4,000	303	343	65	42	30	783
VI	4,000— 6,000	158	554	85	57	24	878
VII	6,000— 10,000	24	223	139	110	11	507
VIII	10,000— 15,000	—	71	67	60	22	220
IX	15,000— 20,000	—	52	36	26	11	125
X	20,000— 30,000	—	28	36	45	9	118
XI	30,000— 40,000	—	9	25	24	10	68
XII	40,000— 60,000	—	7	22	28	8	65
XIII	60,000—100,000	—	—	10	14	3	27
XIV	100,000—150,000	—	1	6	7	2	16
XV	150,000—200,000	—	2	1	5	2	10
XVI	über 200,000	—	1	4	5		10
	Zusammen	12,283	2,230	783	716		16,012

968 Dienstboten, insgesammt 3976 Personen oder 6,1 Procent der Bevölkerung.[1]) Diese Zahlen lassen sich schwer mit den oben gewonnenen vereinbaren, es müsste denn sein, dass Pensionäre und ähnliche Personen, welche kein Vermögen versteuern, bei der Volkszählung zu den Rentnern gerechnet worden wären. Auch ist sehr wohl möglich, dass es eine Anzahl „Rentner" mit einem Einkommen unter Fr. 800 gibt, die natürlich in unserer Aufstellung nicht erscheinen. Endlich bleibt noch der Fall in's Auge zu fassen, dass gewisse Vermögen zu niedrig zur Vermögenssteuer taxirt worden sind oder eine Rente von mehr als 4 Procent ergeben, deren Empfänger dann fälschlich unter die Rubrik der Personen mit vorwiegendem Renten-Einkommen gerechnet worden wären.

Im Ganzen zeigt unsere Zusammenstellung, dass einerseits auch unter den höchsten Einkommen immer noch ein sehr erheblicher Theil unter einer mehr oder minder hervortretenden Mitwirkung der Arbeit zu Stande kommt und dass andererseits die reinen Renten-Einkommen bis zu relativ sehr niedrigen Beträgen herabsteigen, die in ihrer durchschnittlichen Höhe dem Existenzminimum der Gemeindesteuer sich annähern, ja vielleicht manchmal noch unter dasselbe sinken. Wenn im Gegensatz dazu die reinen Arbeitseinkommen die Durchschnittsumme von Fr. 8000 (Klasse Fr. 6000—10,000) nicht übersteigen, so ist damit nicht gesagt, dass der Arbeitszusatz bei den gemischten Einkommen sich auf diese Summe beschränke und dass der ganze Betrag, um den sie sich im einzelnen Falle höher belaufen, Rente sein müsse. Man hat dabei zu bedenken, dass reine Arbeitseinkommen, je höhere Beträge sie erreichen, um so unsicherer zu sein pflegen. Sie regen deshalb

---

[1]) Vgl. Kinkelin, die Bevölkerung des Kantons Basel-Stadt am 1. December 1880, S. 34.

— 54 —

auf's stärkste zur Vermögensbildung, bzw. Kapitalisirung, überhaupt zur Sicherung der Zukunft an. Daher die sonst auffallende Erscheinung, die wir bei Betrachtung der Haupttabelle beobachteten, dass Einkommen von Fr. 10—20,000 Vermögen in geringerm oder ebense hohem Belaufe entsprechen. Hier liegen drei Möglichkeiten vor. Entweder befinden sich die Empfänger so heher Einkommen erst seit relativ kurzer Zeit in ihrer behäbigen Lage, so dass die Vermögensansammlung erst in den Anfängen begriffen ist, oder sie verbrauchen fast ihr ganzes Einkommen, oder endlich sie zahlen hohe Lebensversicherungs-Prämien. Da die Busler Vermögenssteuer die Prämien-Reserve von Lebensversicherungen, bzw. deren zeitigen Vermögenswerth, nicht erfasst, so entzieht sich die beträchtliche auf diesem Wege erfolgende Accumulation unseren Blicken. Das ist immerhin ein Mangel. Aber beachtenswerth ist doch, dass, wenn auch anscheinend jene hohen Einkommen von Bankbeamten, Angestellten von Aktiengesellschaften, grossen Fabrikgeschäften, Verkehrsanstalten u. dgl. ganz ohne Mitwirkung des Vermögens zu Stande kommen und auch ein grösseres steuerbares Vermögen nicht erzeugen, sie doch in unserer Tabelle regelmässig in Verbindung mit einer gewissen, wenn auch relativ bescheidenen Vermögensausstattung auftreten. Es will das, wenn wir die Ziffern richtig deuten, sagen, dass sehr hohe Einkommen insgemein auch eine gewisse äussere Repraesentation des socialen Lebens verausssetzen. Das Vermögen bildet freilich hier nicht die Quelle des Einkommens, wohl aber den Sockel, ven dem aus man zum Empfang von hohen Arbeits-Erträgen emporsteigt.

Um die relative Zahlenstärke der verschiedenen Einkommensarten zu messen, sind für die fünf oben festgestellten Kategorien nachstehende Verhältnissziffern berechnet werden.

Klassen der Gemeindesteuer.	Höhe des Einkommens.	Von je 100 gemeindesteuerpflichtigen Personen bezogen				
		reines Arbeits-Einkommen	vorwiegend Arbeits-Einkommen	vorwiegend Renten-Einkommen	Renten-Einkommen zu 4%	unter 4%
I	800— 1,200	97,2	1,1	0,2	0,5	0,05
II	1,200— 1,500	93,6	4,5	1,4	0,5	0,1
III	1,500— 2,200	84,2	10,9	3,6	1,6	0,2
IV	2,200— 3,000	57,1	32,0	7,3	2,4	1,3
V	3,000— 4,000	38,7	43,8	8,6	5,4	3,6
VI	4,000— 6,000	18,0	63,1	9,7	6,5	2,7
VII	6,000— 10,000	4,7	44,0	27,5	21,7	2,1
VIII	10,000— 15,000	—	32,3	30,4	27,3	10,0
IX	15,000— 20,000	—	41,6	28,0	20,6	8,4
X	20,000— 30,000	—	23,4	30,2	38,1	7,8
XI	30,000— 40,000	—	13,2	36,4	35,5	14,7
XII	40,000— 60,000	—	10,6	33,4	43,1	12,5
XIII	60,000—100,000	—	—	37,0	44,4	18,5
XIV. XV	100,000—200,000	—	11,5	26,9	46,4	15,6
XVI	über 200,000	—	10	40	50	
	Ueberhaupt	76,7	13,9	4,9	3,4	1,1

Darnach schmilzt in der ganzen steuerpflichtigen Bevölkerung Basels, trotz der in einer Stadt von dieser Grösse seltenen Zahl von sehr grossen Vermögen, doch die Zahl der reinen Renten-Einkommen sehr zusammen. Sie erreicht, selbst wenn man alle Renten von 4 Procent als ohne Mitwirkung von Arbeit zu Stande gekommen annimmt, erst den zweiundzwanzigsten Theil der Steuerpflichtigen, während die Zahl derjenigen, die bloss von den Resultaten ihrer Hand- und Kopfarbeit zu den Staatslasten beitragen können, drei Viertel übersteigt. Natürlich sind diese Verhältnisse in den verschiedenen Einkommensklassen sehr verschieden; das gesetzmässige Abfallen und Aufsteigen der Ziffern mit dem Vorschreiten der Einkommenshöhe kann aber auch dem weniger geübten Beobachter kaum entgehen und ist der beste Beweis für ihre innere Richtigkeit. Bis zur Einkommenshöhe von Fr. 3000 überwiegen die reinen Arbeitseinkommen; von da ab übernehmen die vorwiegend aus Arbeit stammenden Einkommen (Geschäftseinkommen) die Führung, um sie bei einem Durchschnittserwerb von Fr. 20—30,000 an die in erster Linie aus Rente fliessenden Einkommen abzugeben. Bei der Unklarheit über die wahre Natur der vierprocentigen Vermögensrente muss es unentschieden bleiben, ob schliesslich in den höchsten Einkommenslagen den vorwiegend oder den ausschliesslich aus Rente stammenden Einkommen der Sieg bleibt. Es ist dies auch für die Hauptfrage von geringem Belang. Wichtiger ist dagegen, dass dieser Sieg kein vollständiger ist: selbst in den höchsten Einkommensklassen ist immer noch ein Zehntel der Einkommen auch im (vom Standpunkt der Besteuerung festzuhaltenden) privatwirthschaftlichen Sinne vorwiegend Arbeitseinkommen.

Es liessen sich an die Ziffern der Tabelle XIX noch mancherlei andere Berechnungen knüpfen, wie z. B. über das durchschnittliche Verhältniss des Einkommens zu Vermögen von verschiedener Höhe, über die durchschnittliche Stärke der Arbeitsbetheiligung in sämmtlichen Einkommenslagen. Allein diese würden mehr für die nationalökonomische Theorie als für die Praxis der Besteuerung Bedeutung haben und mögen den Theoretikern ebenso überlassen bleiben, wie alle sonst an das Mitgetheilte zu knüpfenden Schlüsse. Der hier massgebende Zweck, zu zeigen, mit welchen Verhältnissen ein auf die gerechte Belastung des fundirten Einkommens ausgehendes Steuersystem zu rechnen hat, dürfte erreicht sein, nachdem dargethan worden ist, wie sehr verschiedene Grade der „Fundirung" es gibt und in welchem Verhältniss sie zu einander stehen. Diese verschiedenen Grade der Fundirung richtig zu erfassen, ist das grosse, in dem oben angeführten Gladstone'schen Ausspruche angedeutete Problem einer gerechten Besteuerung. Dass dasselbe in dem dreigliedrigen Basler Steuersysteme für die hiesigen Verhältnisse im Ganzen angemessen gelöst ist, mag Tabelle XX so gut als möglich veranschaulichen.

Dieselbe stellt in rein schematischer Weise die Belastungsverhältnisse dar, welche sich aus dem Zusammenwirken der drei direkten Hauptsteuern auf Einkommen von verschiedener Höhe und Art ergeben. Zu Grunde gelegt ist eine aufsteigende Scala von ziffermässig genau feststehenden Einkommen; es ist jedoch zu beachten, dass eine solche weder den Voraussetzungen der Vermögenssteuer noch denjenigen der Gemeindesteuer entspricht. Die Vermögenssteuer ist als reine Einkommenssteuer aufgefasst unter Annahme einer vierprocentigen Rentabilität des Steuerkapitals. Die Spalten 3—5 zeigen in absoluten Beträgen die den verschiedenen Einkommensstufen entsprechenden Steuersätze der Vermögenssteuer, der Einkommenssteuer und der Gemeindesteuer. Die drei folgenden Spalten geben diese Sätze in Procenten des jedesmaligen Einkommens. Es ist dabei zu beachten, dass das Gesetz von 1887 dem Existenzminimum der Einkommens- und Erwerbssteuer je nach dem Familienstand der Pflichtigen höhere Grenzen zieht, als dasjenige von 1880 (vgl. S. 14). Das Irrationelle der Klassensteuersätze, sobald man sich dieselben auf ziffermässig genau bekannte Einkommen angewendet denkt, tritt schon hier bei der Vermögens-

— 58 —

steuer, noch mehr aber bei der Gemeindesteuer hervor. In weit höherem Masse ist dies der Fall, sobald man sich ihr Zusammenwirken auf Einkommen verschiedener Art vergegenwärtigt, wie es in den sechs letzten Spalten der Tabelle geschieht. Zunächst ist (Spalte 9 und 10) der Fall eines reinen Renten-Einkommens durch alle Höhenlagen hindurch dargestellt. Wir beobachten hier, wie das Zusammenwirken der drei progressiven Steuerfüsse eine Gesammtbelastung erzeugt, die langsam, aber nicht ohne Sprünge und selbst Rückwärtsbewegungen, von 2^1/$_4$ bis gegen 10 Procent des Einkommens emporklettert. Die höchsten Renten-Einkommen sind fast viermal so schwer belastet wie die niedrigsten. Dem reinen Renten-Einkommen ist das reine Arbeitseinkommen gegenübergestellt, und obwohl Einkommen, welche lediglich auf Arbeit zurückzuführen sind, von einer gewissen Höhe ab nicht mehr vorkommen, so ist doch auch hier der Vergleichung wegen die Berechnung bis zu den höchsten Stufen hinauf durchgeführt. Die Gesammtbelastung steigt in diesem Falle, wo bloss zwei Steuerfüsse zusammenwirken, nicht so hoch empor, wie beim reinen Renten-Einkommen, aber sie legt doch einen weitern Weg zurück. Das höchste Arbeitseinkommen würde theoretisch fast siebenmal so stark belastet sein wie das niedrigste. Auch offenbaren sich in den oberen Lagen des Einkommens recht unangenehme Inkongruenzen der Belastung, über die man sich indessen mit dem Gedanken trösten mag, dass sie nie praktisch werden. Wenn man von den tiefsten Einkommenslagen absieht, so stellt sich für das nichtfundirte Einkommen im Allgemeinen eine relativ etwa halb so hohe Belastung heraus wie für das fundirte. Die beiden letzten Spalten der Tabelle setzen ein halb aus Vermögen und halb aus Arbeit hervorgegangenes Einkommen voraus. Hier steigt die Gesammtbelastung von 1^1/$_4$ bis 7^3/$_5$ Procent des Einkommens; der höchste Steuersatz ist relativ sechsmal so hoch als der niederste; das halb fundirte Einkommen erscheint etwa ^{2}/$_3$ so hoch belastet wie das ganz fundirte. Die Rücksprünge in der Scala, welche auch hier bemerklich sind, haben ebenso wie beim reinen Renten-Einkommen nicht die Bedeutung schlimmer Fehler, da sie zum guten Theile auf den Klassensteuercharakter der Vermögenssteuer zurückgehen und bei dieser eine andere Taxation, als diejenige nach Klassen, eben unmöglich ist. Weniger leicht wird man sich über dieselben hinwegsetzen können bei den reinen Arbeitseinkommen, wo sie den Klassen der Gemeindesteuer ihre Entstehung verdanken. Wie hier abzuhelfen wäre, ist früher angedeutet worden.

Ueberhaupt möchte bei der Betrachtung dieser rein schematischen, auf abstrakten Voraussetzungen beruhenden Zusammenstellung nicht zu vergessen sein, dass das reine Einkommen, welches das Objekt der Besteuerung bildet, eben doch keine mathematische Grösse ist, deren steuerlicher Werth sich in einer exakt auszumittelnden Ziffer ausdrücken und durch Rechenoperationen in absolut richtige Steuerbeträge umsetzen lässt. Das Einkommen setzt schon sprachlich eine persönliche Beziehung voraus. Hinter ihm steht der denkende und fühlende Mensch, der in den meisten Fällen für dieses Einkommen ein Stück seines Lebens hingegeben hat, um dasselbe eine weitere Zeitstrecke zu fristen. So tausendfach verschieden die Kräfte und Fähigkeiten, die Güterausstattung und sociale Stellung, die Familienverhältnisse und der Bedarf der einzelnen Menschen sind, so verschieden gestaltet sich ihre steuerliche Leistungsfähigkeit. Das Gesetz nimmt überall Durchschnittsverhältnisse an und würdigt im Rahmen dieser die Momente, von welchen die wirthschaftliche Leistungsfähigkeit bedingt ist. Aber die durchschnittliche Leistungsfähigkeit eines Einkommens von bestimmter Höhe und Zusammensetzung ist nicht die individuelle Leistungsfähigkeit seines Empfängers. Dieser kann keine allgemeine Gesetzesbestimmung völlig gerecht werden; sie erfordert individuelle Würdigung von Fall zu Fall. Eine solche zu ermöglichen ist allerdings auch Sache des Gesetzes, sie auszuführen Sache derjenigen, welche das Vertrauen ihrer Mitbürger zu dieser verantwortungsvollen Aufgabe berufen hat.

7. Die übrigen direkten Steuern.

Nachdem wir die drei direkten Hauptsteuern einzeln und in ihrem Zusammenwirken kennen gelernt haben, erübrigt noch, einen Blick auf die andern direkten Steuern zu werfen und ihr Verhältniss zu dem ganzen System zu kennzeichnen. Denn so konsequent und richtig das letztere im Ganzen ist, so könnte dasselbe doch in seinen Wirkungen stark beeinträchtigt werden, wenn die Erbschaftssteuer, der Militärpflichtersatz und die Feuerwehrsteuer sich nicht folgerichtig in dasselbe einfügten.

Die einträglichste und allgemeinste dieser drei Abgaben ist die Erbschaftssteuer. Derselben unterliegen alle im Kantone anfallenden Erbschaften, Vermächtnisse, Schenkungen auf den Todesfall und Schenkungen, welche nach dem Willen des Erblassers von den Erben ausgerichtet werden, ferner der in Folge der Todes fällig werdende Betrag von Lebensversicherungen, sowie das Heirathsgut, die Aussteuer und anderes vorempfangenes Vermögen. Befreit sind Erbantheile, welche für den Einzelnen Fr. 400, bei Kindern Fr. 2000 nicht übersteigen, sowie Vermächtnisse und Schenkungen an Angestellte und Bedienstete bis Fr. 2000, endlich Vermächtnisse und Schenkungen für öffentliche, gemeinnützige oder wohlthätige Zwecke. Der Fuss der Erbschaftssteuer ist nicht in dem Sinne progressiv, dass mit dem Steigen der Erbportionen die Steuerbeträge relativ höher werden. Er wächst vielmehr mit der Entfernung der Verwandtschaft, indem er für Kinder, Grosskinder und Ehegatten 1%, für weitere Nachkommen und für Eltern 2, für Geschwister, Grosseltern und weitere Ascendenten 4, für Oheime und Neffen 6, für Geschwisterkinder, Grossoheime und Grossneffen 9, und für alle weitern Verwandtschaftsgrade sowie für Nichtverwandte 12 Procent beträgt.

Schon diese kurze Skizzirung ihrer Veranlagung zeigt, dass wir mit der Erbschaftssteuer ein neues Gebiet betreten haben. Es handelt sich nicht mehr um unmittelbare Einkommensbesteuerung, wie bei der Einkommens- und der Gemeindesteuer, auch nicht um mittelbare, wie bei der Vermögenssteuer, die aus der Rente gezahlt wird, sondern um eine Steuer vom Vermögen, die aus dem Vermögen selbst entrichtet wird. Darum fällt die Erbschaftssteuer aber doch nicht aus dem Rahmen der Besteuerung nach der Leistungsfähigkeit heraus.

Mit dem Empfang einer Erbschaft wächst dem Vermögen des Empfängers eine angesammelte Gütermasse zu, die für ihn eine plötzliche, aber auf die Dauer vorhaltende Steigerung seiner Leistungsfähigkeit bedeutet. Dieser Zuwachs ist nicht Einkommen, das zum Verzehren bestimmt ist. Er ist vielmehr schon Vermögen, meist Kapital und Nutzvermögen zugleich, also das, was im regulären Gang der Einzelwirthschaft sich langsam aus den Ueberschüssen des Einkommens über den Verbrauch ansammelt. Während in vielen Wirthschaften eine solche Ansammlung nur mit Mühe, in andern gar nicht gelingt, wächst dem Erben das wirthschaftliche Resultat eines ganzen Menschenlebens, oft sogar mehrerer, ohne eigene Anstrengung zu. Während durch die Kapitalisirung in der Einzelwirthschaft eine allmähliche Kräftigung der Leistungsfähigkeit stattfindet, oft mit empfindlichen Unterbrechungen und Rückschlägen, schnellt die Vermögensmacht und

Leistungskraft des Erben plötzlich hoch empor. Er wird gleichsam rasch über die Stufen hinweg getragen, die ein anderer mühsam erklimmt. Diese Steigerung der Leistungsfähigkeit ist um so grösser, je weniger eng die persönlichen und wirthschaftlichen Beziehungen zwischen Erben und Erblasser vorher gewesen sind, am grössten, wo sie ganz fehlen. Wer als Kind oder Ehegatte mit dem Erblasser in Vermögensgemeinschaft gelebt, als Dienstbote an seinem Haushalt, als Arbeiter an seinem Erwerbsgeschäfte Theil genommen hat, der wird bis dahin auch an der Nutzung seines Vermögens Antheil gehabt, vielleicht selbst beim Erwerb desselben mitgewirkt haben. In manchen Fällen ist gar durch den Tod des Erblassers eine Verschlechterung seiner Lage eingetreten. Damit rechtfertigt sich einerseits die milde Besteuerung der direkten Erbschaften, andererseits die Freilassung der kleinen Antheile und der Dienstboten-Legate. Je loser die Beziehungen des Erben zu dem Verstorbenen gewesen sind, um so geringer wird der Genuss gewesen sein, den er seither von dessen Vermögen gehabt hat, um so mehr wird der Erbanfall als reiner Glücksfall erscheinen, um so höher wird die Steigerung seiner wirthschaftlichen Leistungsfähigkeit angeschlagen werden müssen. Daraus erklärt sich die Progression der Steuer mit der Entfernung der Verwandtschaft und das Eintreten des höchsten Steuersatzes da, wo persönliche oder wirthschaftliche Beziehungen ganz fehlen.

Die Basler Erbschaftssteuer ist darnach eine nothwendige Ergänzung der direkten Hauptsteuern und durchaus folgerichtig mit denselben in einem Gesetze geregelt. Die Einkommens- und die Gemeindesteuer treffen die im Laufe einer Wirthschaftsperiode dem Pflichtigen zufliessenden Vermögenstheile, welche ohne Schädigung des Güterstammes verzehrt werden können, die Vermögenssteuer trifft die Rente aus ruhend in der Hand ihrer Besitzer befindlichen Vermögen; alle drei aber lassen die ungleich leistungsfähigeren Uebertragungen von Vermögen, welche durch Erbschaft und Schenkung erfolgen, frei. Aber zugleich berücksichtigen sie auch nicht genügend das Verhältniss zwischen Bedarf und Deckung im Haushalt der Steuerpflichtigen. Die der Vermögensansammlung ungünstigen oder günstigen persönlichen Verhältnisse der Pflichtigen finden nun aber in letzter Linie immer ihren Ausdruck beim Vermögen, dem alles Vermögen unterworfen ist. Hier wird dann das frühere Zuwenig der Einkommensbesteuerung nachgeholt, und es mag speciell als die Füllung einer Lücke der Vermögenssteuer hervorgehoben werden, dass dabei auch die Kapitalisirung in Form der Lebensversicherung dem Staate noch pflichtig wird. Aus dem Charakter der Erbschaftssteuer als Ergänzungs- und Nachsteuer rechtfertigt sich ihr hoher Fuss. Die Frage, ob nicht die freien Antheile bei direkten Erbschaften höher hätten gegriffen werden können, mag hier ebenso unerörtert bleiben, wie die etwaige Berechtigung einer Progression in den einzelnen Stufen nach der Höhe der Erbportionen. Nur das sei noch erwähnt, dass bei Kindern und Enkeln auch insofern dem Existenzminimum Rechnung getragen ist, als die in der Hinterlassenschaft enthaltenen Haus- und Feldgeräthe steuerfrei bleiben. Aus Allem dürfte aber hervorgehen, dass die Erbschaftssteuer ein durchaus unentbehrliches Glied des ganzen Systems der Basler direkten Besteuerung ist.

Etwas anders sind Militärpflichtersatz und Feuerwehrsteuer zu beurtheilen. Ihre Rechtfertigung liegt nicht mehr lediglich auf dem Gebiete der Finanzen. Aber sie schliessen sich doch insofern eng dem Systeme der direkten Steuern an, als in beiden der Grundsatz von der allgemeinen Leistungspflicht nach der individuellen Leistungsfähigkeit auf das ganze Verhältniss des Einzelnen zum Staate ausgedehnt erscheint. Alle sind in einem bestimmten Alter verpflichtet, das gemeinsame Vaterland mit der Waffe zu vertheidigen und den gemeinsamen Wohnort gegen Feuersgefahr zu schützen. Aber nicht alle können oder wollen ihre persönliche Arbeitskraft diesem Dienste weihen; nicht alle tragen die persönlichen Beschwerden und wirthschaftlichen Einbussen, welche mit jenen naturalen Arbeitsleistungen für die Gesammtheit verbunden sind. Diese Verschiedenheit der öffentlichen Lastenvertheilung verlangt ihren Ausgleich. Und dieser ist noch fast überall, wo die Einrichtung der allgemeinen Wehrpflicht und der allgemeinen Feuerwehrpflicht bestand, darin gesucht worden, dass den von der persönlichen Last Befreiten eine wirthschaftliche Last zugemuthet worden ist, eine Steuer. Der Eine steuert seine Arbeit, vielleicht sein Blut, der Andere sein Gut zum allgemeinen Besten bei. Für diese Umsteuer gibt es gar keinen andern Massstab, als den der wirthschaftlichen Leistungsfähigkeit. Nicht das kann hei diesem Ausgleich die Frage sein, ob die durch Befreiung vom persönlichen Dienst dem Einzelnen abgenommene persönliche Last der durch die Steuer verursachten wirthschaftlichen Last gleich zu achten sei. Denn für die Messung jener persönlichen Last gebricht uns der Massstab, und wenn wir auch vermuthen müssen, dass sie durchaus nicht für alle Betroffenen gleich schwer ist, so fehlt doch das Mittel, sie individuell gerechter zu vertheilen. Wohl aber ist dies in Bezug auf die wirthschaftliche Last möglich. Soll der Staat desshalb hier, wo er gerecht sein könnte, mit Bewusstsein ungerecht sein, weil er dort aus Noth ungerecht sein muss?

Der Militärpflichtersatz ist eine eidgenössische Steuer und kann desshalb hier nur insoweit in Frage kommen, als er durch die Basler Gesetzgebung beeinflusst wird. Dies ist immerhin in gewissem Masse der Fall. Denn da der Militärpflichtersatz aus einer festen Personaltaxe von Fr. 6 und einer kombinirten Einkommens- und Vermögenssteuer von 1 $^1/_2$ °/$_0$, bzw. 1 $^1/_2$ °/$_{00}$ besteht, so trifft er in denjenigen Kantonen am sichersten, deren eigene Steuern eine genaue Einschätzung des Einkommens und Vermögens nach sich ziehen. Zugleich aber verstärkt er die gleichartige kantonale Steuerlast. In beiden Beziehungen erscheint Basel den übrigen Kantonen gegenüber einigermassen benachtheiligt. Denn während manche der letztern durch den Militärpflichtersatz ihre eigenen mangelhaften Steuersysteme verbessern sehen, ist in Basel das Zusammenwirken zweier gleichartiger Systeme stellenweise nicht frei von Härten. Die Steuerpflicht dauert für die Dienstbefreiten vom 20.—44. Altersjahre; doch ist vom 32. Jahre ab nur die Hälfte der Steuer zu entrichten, entsprechend der geringern persönlichen Belastung der Dienstpflichtigen in der Landwehr.

Hier setzt das Basler Gesetz über das Löschwesen ein, indem es alle Bürger und Niedergelassenen (einschliesslich der Ausländer) vom zurückgelegten 32.—44. Altersjahre zum Feuerwehrdienst verpflichtet. Diejenigen Dienstpflichtigen, welche keinen aktiven Dienst in der Feuerwehr leisten, zahlen eine Ausgleichsabgabe, die sog. Feuerwehrsteuer. Dieselbe ist eine Einkommensklassensteuer, ähnlich der frühern Gemeindesteuer, die ja auch ursprünglich eine „Ersatzsteuer" war (Wachgeld). Der Fuss und die Vertheilung der Feuerwehrsteuer von 1881—1887 im ganzen Kanton sind in Tabelle XXI mitgetheilt. Die Abgabe greift insofern über den Bereich der städtischen Gemeindesteuer hinaus, als sie kein freies Existenzminimum kennt. Im Zusammenwirken mit der letztern und eventuell dem eidgenössischen Militärpflichtersatz kann sie eine sehr empfindliche Belastung der schwächern Einkommen und durch ihre weitgegriffenen Klassensätze eine Verschärfung der durch die gleiche Einrichtung bei der Gemeindesteuer hervorgebrachten Ungleichheiten herbeiführen. Es dürfte nicht nothwendig sein, dies durch Beispiele zu erläutern. Wohl aber muss bemerkt werden, dass eine eigentliche Steuerkumulation durch gleichzeitige Entrichtung des Militärpflichtersatzes und der Feuerwehrsteuer nicht stattfindet, indem letztere nur einen Theil dessen nimmt, was an ersterer vom 32. Lebensjahre ab nachgelassen wird. Auch ist nicht zu vergessen, dass beide in das Alter der höchsten Erwerbsfähigkeit fallen.

Schlusswort.

Wir sind am Ende und doch noch lange nicht am Ende. Denn wir haben wohl die Vertheilung der direkten Steuern auf die Bevölkerung und auf ihr Einkommen dargestellt, über die Vertheilung der Verbrauchsauflagen und der Steuergebühren aber ist nichts weiter gegeben worden als die mageren Ziffern (S. 9), welche das Verhältniss ihres Netto-Ertrages zur Einwohnerzahl ausdrücken. Und mehr kann die Finanzstatistik auch kaum thun. Denn das ist ja der grosse Unterschied zwischen den Schatzungen und den meisten übrigen Steuern, dass man bei ersteren genau sagen kann, wohin sie fallen, bei der letzteren aber nicht. Nur das wissen wir, dass die Verbrauchsauflagen auf allgemein konsumirte Genussmittel auch dahin noch greifen, wohin die direkte Einkommensbesteuerung nicht mehr reicht. Die Salzsteuer macht selbst vor dem Haushalt der Aermsten nicht Halt. Sie betrug im Durchschnitt der letzten fünf Jahre auf die Familie von 4—5 Köpfen Fr. 6. 30—Fr. 7. 95. Wenn deshalb oben von „gänzlich Steuerfreien" oder „Unbesteuerten" gesprochen worden ist, so bezog sich dies nur auf die direkten Steuern, welche über drei Viertel der Steuereinnahmen liefern.

Das Steuerzahlen ist, wie das Sterben, ein bitteres Muss, dem Keiner sich gerne fügt, dem aber doch Keiner entgeht. Gern zahlt auch in Basel niemand Steuern; aber man zahlt sie im Ganzen gewissenhaft und sucht sie gerecht zu vertheilen. Eine absolute Gerechtigkeit gibt es nicht, und so auch kein absolut gutes Steuersystem. Das Basler Gesetz über die direkten Steuern ist, mit dem Maßstabe der strengen Finanztheorie gemessen, in manchen Einzelheiten vielleicht unvollkommen, die Vorschriften über Ausmittelung des Einkommens und Vermögens sind unvollständig, die Kontrolmittel unzulänglich; aber in der Klarheit seiner Grundgedanken, ihrer Anpassung an die thatsächlichen Verhältnisse und in der Sicherheit der praktischen Durchführung — das darf man ohne Ruhmredigkeit behaupten — wird es schwerlich von einem Steuergesetze der Schweiz oder eines auswärtigen Staates übertroffen. Auch im Steuerwesen gilt das alte Wort, dass gute Sitten mehr werth sind als gute Gesetze.

Man würde vollkommen irren, wenn man annehmen wollte, dass die Basler Steuergesetzgebung unter abstrakt theoretischen Voraussetzungen oder Einwirkungen entstanden sei und sich entwickelt habe. Obwohl sie allen wichtigeren Forderungen der Theorie in ihrer Art gerecht wird, folgt sie doch in ihrer ganzen Ausgestaltung mehr einem dunkeln Gefühle für das Rechte als bewussten Principien. Sie ist darin dem Dialekt vergleichbar, der ohne die strengen Regeln der Grammatik oder die Zucht des litterarischen Gebrauchs seine Formen bildet und gerade durch seine urwüchsige Gesetzmässigkeit und innere Vernünftigkeit für den Sprachforscher so anziehend wird. Ebenso ergeht es dem Nationalökonomen mit diesem Stück finanzwirthschaftlicher Volksgesetzgebung: er lernt sie um so mehr schätzen, je eingehender er sie studirt, je mehr er sie aus den Verhältnissen heraus zu begreifen sucht, denen sie entwachsen ist.

Mit naivem Staunen schrieb vor mehr als hundert Jahren Adam Smith über die Einrichtungen des Basler Pfundzolls: „In Basel fliesst die Haupteinnahme des Staates aus einer kleinen Auflage auf die ausgeführten Waaren. Sämmtliche Bürger legen einen Eid ab, dass sie jedes Vierteljahr die ganze sie nach Vorschrift des Gesetzes treffende Steuer entrichten wollen. Allen Kaufleuten und selbst allen Gastwirthen traut man zu, dass sie über die innerhalb oder ausserhalb des Landes verkauften Waaren Buch führen. Am Ende jedes Vierteljahres senden sie ihre Berechnung mitsamt dem auf Grund derselben von ihnen selbst ausgerechneten Steuerbetrage an die Staatskasse ein. Man fürchtet nicht, dass das öffentliche Einkommen unter diesem Vertrauen leidet." Nun, dieselbe Einrichtung besteht noch heute bei der aus dem alten Pfundzoll hervorgegangenen Einkommens- und Erwerbsteuer. Noch heute schenkt man in Basel dem Steuerpflichtigen dieses schöne Vertrauen und überlässt es ihm, seine Steuerschuldigkeit nach Pflicht und Gewissen selbst zu bestimmen und die Höhe seiner Taxation erst durch den Betrag kund zu geben, den er an die Staatskasse abführt. Die Basler Einkommensteuerregister enthalten vor der Erhebung keine Zahlen, sondern nur Namen.

Einer Wissenschaft, welche das Selbstinteresse zur alleinigen Triebfeder alles wirthschaftlichen Thuns machte, mussten freilich derartige Einrichtungen um so unbegreiflicher erscheinen, je weniger sie dem Wesen des Staates gerecht zu werden vermochte und je mehr sie gerade in Besteuerungsfragen mit den schlechten Leidenschaften der Menschen argumentirte. Dass der kühl seinen Vortheil berechnende Kaufmann, nachdem er seinen Jahresabschluss gemacht, es als sittliche Pflicht empfinden könne, mit derselben Gewissenhaftigkeit, mit der er seine Rechnungen geführt, auch den Betrag auszumitteln, den er dem Staate schulde, schien ihr undenkbar. Der neueren Wissenschaft sind auch die wirthschaftlichen Akte verantwortliche Handlungen; sie erkennt im öffentlichen Leben keine andere Moral an als im privaten; sie baut ihre Schlüsse weder auf die guten noch auf die schlechten Instinkte im Menschen, sondern auf die möglichst exakte Beobachtung der Wirklichkeit.

Darum ist für diese Erörterungen die vielleicht etwas unbequeme statistische Methode gewählt worden. Es ist versucht worden, das System der direkten Steuern Basels nicht nach der Korrektheit der einschlägigen Gesetzesparagraphen, sondern nach den thatsächlichen Verhältnissen, auf die sie Anwendung finden, und nach den Wirkungen, welche sie hervorbringen, zu beurtheilen. Denn im Steuerwesen ist viel mehr Sache der Convenienz, als man gewöhnlich glaubt. Die Wissenschaft kann nicht viel mehr thun als die allgemeinen Grundsätze der Besteuerung nach der wirthschaftlichen Leistungsfähigkeit feststellen. Wie hoch aber das steuerfreie Existenzminimum bemessen, wie weit die Progression gesteigert, in welchem Verhältnisse das fundirte Einkommen höher belastet werden soll als das Arbeits-Einkommen, dies und manches andere wird sich niemals allgemein gültig und exakt bestimmen lassen. Hier bleibt der praktischen Zweckmässigkeit, dem gesunden Gefühl für das Rechte und Billige, der unbefangenen Würdigung der thatsächlichen Verhältnisse ein weites Feld. Aus der Art, wie diese Fragen von der Gesetzgebung entschieden werden, wird man immer Schlüsse auf den Zustand der öffentlichen Moral eines Landes und die Höhe seiner politischen Entwicklung ziehen können. Unsere Darstellung dürfte ergeben haben, dass Basel in diesen Dingen sein Urtheil ruhig erwarten darf. Sollten diese Ausführungen zugleich dazu beitragen können, der Bevölkerung selbst ihre Steuereinrichtungen lieb und werth zu machen, so wäre ihr Hauptzweck erreicht.

Tabelle I. Staats-Einnahmen

Titel der Staatsrechnung	Haupt-Einnahme-Posten.	1878	1879	1880	1881
		Franken.	Franken.	Franken.	Franken.
	I. Privatwirthschaftliche Einnahmen	767.520. 56	951.280. 18	1.042.104. 01	1.065.165. 9
	A. Einnahmen aus Pacht, Miethe, Zins, Kaufgeldern	355.849. 66	476.834. 22	514.004. 83	622.416. 9
I A–J.	1. Bestandszinsen	68,623. 83	69,242. 96	95,451. 42	133,404. %
XXV.	2. Kapitalzinsen	164,117. 81	166,116. 67	328,805. 93	395,030. %
XXI.	3. Spezialfonds für Kirchen und Schulen	83,084. 02	77,937. 99	78,831. 28	80,576. 0
XXIV.	4. Verkauf von Grabrechten	10,024. —	11,287. —	10,397. 20	13,389. 4
XXVI.	5. Diverse Einnahmen	30,000. —	152,250. —	519. —	16. %
	B. Erwerbseinkünfte	411.870. 90	474.445. 96	528.099. 18	432.748. 9
II.	1. Betriebsertrag des Schlachthauses u. Vichmarkts	3,071. 74	7,976. 62	9,811. 47	13,727. 0
III.	2. " " Gaswerks	357,867. 34	381,603. 97	414,860. 18	329,853. %
IV.	3. " " Wasserwerks	11,863. 79	53,012. 38	68,185. 49	58,822. %
X.	4. Arbeitsertrag der Strafanstalt	38,868. 03	31,852. 99	35,242. 04	30,314. %
	II. Gebühren und Beiträge	257.603. 56	265.917. 33	374.992. 14	465.443. %
	A. Gebühren	253.603. 56	256.265. 54	295.422. 23	330,168. %
VI K. P.	1. Justizgebühren und Bussen	181,371. 77	184,598. 39	214,266. 47	244,852. 9
VI c.	2. Polizei- und Konzessionsgebühren	31,716. 10	29,521. 85	34,636. 65	37,484. 3
VI A.D.E. H.J.K.	3. Verwaltungsgebühren	40,575. 69	42,145. 30	46,519. 11	47,830. 8
	B. Beiträge	4.000. —	9.651. 79	79.569. 91	135.275. —
V.	1. Beleuchtungsgebühr	—	—	69,716. 35	72,554. 6
VII.	2. Dohlenbeiträge und Unterhaltungsgebühren	—	—	—	52,812. —
XVIII.	3. Beiträge der Feuerversicherungs-Gesellschaften und der Brandversicherung zu den Kosten des Löschwesens	4,000. —	9,651. 79	9,853. 56	9,908. %
	III. Steuergebühren	399.596. 92	403.246. 29	434.789. 17	392.189. %
VIII.	1. Handländerungssteuer	305,347. 44	265,609. 92	309,056. 26	246,993. 2
XIX.	2. Stempelsteuer	94,249. 48	117,223. 32	105,162. 12	124,527. 5
XXII.	3. Patentgebühr der Aktien- und Kommandit-Aktien-Gesellschaften	—	20,413. 05	20,570. 79	20,659. 7
XXIII.	4. Banknotensteuer	—	—	—	—
	IV. Ge- und Verbrauchsauflagen	316.722. 58	316.107. 09	333.194. 08	344.105. 10
XIII.	1. Hundesteuer	9,972. —	10,902. 67	14,013. —	14,288. 3
XI.	2. Ohmgeld von Wein, Bier, Branntwein- und Pintenschenkpatente **)	151,546. 85	135,460. 01	133,196. 56	144,437. 8
XII.	3. Eingangszoll für Wein und Konsumogebühr	49,660. 73	53,172. 88	50,122. 08	46,876. 7
XX.	4. Salzregal	105,543. —	116,571. 53	135,862. 44	138,502. 11
	V. Schatzungen (direkte Steuern)	1.576.608. 82	1.718.114. 49	1.981.057. 29	2.126.436. 6
XIV.	1. Einkommens- und Erwerbssteuer	592,760. —	669,051. —	815,067. 79	1,132,924. 9
XV.	2. Vermögenssteuer	763,676. —	834,194. 55	840,053. 45	425,051. 0
XVI.	3. Städtische Gemeindesteuer	159,969. 20	163,101. 10	165,676. 55	350,066. —
IX	4. Erbschaftssteuer (Erbsgebühr)	27,899. 27	19,426. 66	121,763. 50	148,104. 3
VI o.	5. Militärpflichtersatzsteuer (zur Hälfte)	31,408. 35	32,251. 18	37,962. —	38,264. 0
XVII.	6. Feuerwehrsteuer	—	—	—	31,426. 45
	Zusammen	3.317.204. 44	3.654.665. 38	4.166.136. 69	4.393.831. 07

**) Eingerechnet die Tavernenrechtsgebühren.

antons Basel-Stadt 1878—1887.

1882	1883	1884	1885	1886	1887	Durchschnitt.	Grösste Abweichung	
							nach oben.	nach unten.
Franken.	Franken.	Franken.	Franken.	Franken.	Franken.	Franken.	%	%
21.850. 02	1.075.905. 44	1.064.024. 30	1.044.809. 57	1.092.705. 40	1.299.849. 62	1.051.322. 25	23,8	27,0
46.256. 64	527.050. 00	545.474. 55	526.061. 23	526.822. 56	717.017. 74	542.729. 71	32,3	34,2
148,935. 94	154,286. 68	151,232. 54	152,641. 85	152,197. 52	155,225. 38	126,124. 25	21,3	46,4
379,725. 01	293,241. 87	307,226. 31	280,514. 43	274,552. 23	467,964. 03*	305,729. 46	53,1	46,4
77,710. 89	70,171. 60	78,088. 61	75,888. —	74,526. 27	71,091. 43	70,791. 22	8,3	8,4
9,878. 80	9,358. 85	8,525. 70	12,503. 95	14,218. 05	5,886. 90	10,547. 04	34,4	44,3
—	—	401. 39	4,512. 98	10,827. 87	16,850. —	21,537. 74	607,8	99,0
45.802. 38	546.846. 35	518.548. 75	518.748. 31	506.282. 84	582.831. 88	508.592. 54	14,0	19,0
9,758. 20	5,153. 85	7,559. 36	12,440. 53	8,307. 21	9,793. 85	8,769. 02	56,3	04,3
390,676. 18	423,898. 36	393,609. 57	380,648. 23	400,079. 65	431,639. 80	389,496. 72	10,4	15,2
69,029. 03	77,345. 12	89,399. 61	92,675. 79	117,708. 79	103,445. —	74,148. 75	58,7	84,3
35,938. 97	40,449. 02	37,980. 21	32,983. 79	40,197. 19	37,953. 23	36,178. 05	11,1	11,0
31.042. 33	424.116. 04	406.010. 36	352.304. 14	334.204. 47	342.450. 90	305.781. 55	27,2	29,0
317.675. 90	331.721. 40	291.745. 61	239.659. 40	238.424. 37	244.215. 55	284.886. 39	22,0	16,3
268,857. 68	243,524. 84	203,820. 30	164,781. 66	175,223. 15	187,700. 58	206,908 78	29,8	20,4
36,122. 60	36,044. 50	37,485. 30	36,836. 65	34,525. 75	33,034. 30	34,801. 03	7,1	15,0
42,695. 62	51,552. 06	50,439. 92	57,941. 18	28,675. 47	23,390. 07	43,176. 58	34,4	45,8
88.366. 43	92.804. 64	114.864. 75	92.744. 65	96.840. 10	98.244. 35	89.895. 16	67,7	93,1
75,511. 95	78,827. 75	80,000. 60	80,707. 25	82,041. 25	83,361. —	77,915 12	0,6	10,3
775. 53	3,562. 32	24,259. 80	1,911. 35	2,726. 50	3,730. —	12,820. 21	311,8	94,0
10,078. 95	10,004. 57	10,004. 35	10,126. 05	11,072. 35	11,147. 35	9,584. 73	16,4	58,3
48.261. 04	279.004. 95	311.712. 33	349.106. 90	408.183. 17	464.290. 02	383.136. 44	21,3	26,0
215,959. 01	128,093. 48	139,218. 80	163,207. 36	198,219. 22	232,837. 27	220,454. 21	40,3	41,0
130,148. 73	104,092. 17	141,132. 72	123,804. 20	150,648. 15	162,592. —	124,358. 04	30,7	24,2
22,156. 30	23,719. 30	25,360. 75	26,185. 40	23,315. 80	26,860. 75	23,249. 00	15,3	12,3
—	24,000. —	36,000. —	36,000. —	36,000. —	42,000. —	34,800. —	21,0	31,0
133.521. 70	305.530. 32	208.270. 40	306.201. 05	334.178. 15	341.444. 28	321.804. 49	6,0	7,3
14,307. —	14,087. 50	14,385. 34	14,794. 49	14,799. 50	15,988. 90	13,753. 89	16,4	27,3
128,254. 64	128,900. 10	135,416. 09	146,222. 59	171,954. 23	177,192. 09	145,258. 25	20,0	11,7
48,714. 09	47,820. 98	43,333. 16	41,208. 87	42,018. 97	43,778. 74	46,670. 72	13,8	11,7
132,045. 07	114,521. 74	105,135. —	104,035. 10	105,405. 45	104,493. 95	116,211. 63	19,7	10,3
165.182. 73	2.102.373. 81	1.935.052. 04	2.606.917. 53	3.873.653. 42	2.008.421. 45	2.305.280. 82	68,3	31,7
1,129,630. 55	1,013,611. 04	945,365. —	995,889. 60	1,042,410. 23	1,202,184. 95	953,941. 45	26,0	37,1
427,553. 35	467,942. 20	470,500. —	840,979. 65	844,056. 15	927,601. 70	684,280. 84	35,0	37,3
350,233. 20	315,158. 15	317,290. —	493,896. 05	487,795. 60	404,240. 60	320,745 73	54,1	50,1
187,489. 95	273,041. 32	114,892. 74	182,516. 10	1,406,289. 57	270,905. 30	275,172. 88	447,6	92,0
37,769. 93	61,542. 90	56,591. 10	59,437. 23	60,332. 55	70,776. 20	48,633. 45	45,3	35,4
32,506. 75	91,078. 20	31,013. 20	33,498. —	82,169. 30	33,312. 70	32,144. 94	4,1	3,4
102.665. 82	4.245.830. 56	4.046.208. 52	4.658.780. 25	6.042.981. 61	5.336.475. 27	4.428.413. 66	36,0	25,1

*) Darunter Fr. 193,218. — aus dem Zinsertrag der Chr. Merianischen Stiftung.

Tabelle II.

Prozentuale Vertheilung der gesammten Staatseinnahmen auf die Hauptarten derselben.

Einnahme-Arten.	1878	1879	1880	1881	1882	1883	1884	1885	1886	1887	Durch-schnitt
I. Privatwirthschaftliche Einnahmen	23,1	26,1	25,0	24,1	23,4	25,3	26,0	26,8	22,4	18,1	24,5	23,5
A. Einnahmen aus Pacht, Miethe, Zins, Kaufgeldern	10,7	13,1	12,3	14,3	13,0	12,4	13,0	13,8	11,3	8,1	13,4	12,1
B. Erwerbseinkünfte	12,4	13,0	12,7	9,8	11,3	12,9	12,4	13,0	11,1	9,4	10,9	11,4
II. Gebühren und Beiträge	7,3	7,8	9,8	10,4	9,4	10,6	10,6	7,6	5,5	6,1	8,6	8,6
A. Gebühren	7,6	7,0	7,1	7,6	7,3	7,9	7,3	5,4	3,7	4,6	6,1	6,1
B. Beiträge	0,1	0,8	1,8	3,1	2,0	2,1	2,9	2,0	1,8	1,5	2,5	2,5
III. Steuergebühren	12,1	10,0	10,4	8,0	8,1	6,8	8,3	7,3	6,4	8,7	9,0	9,0
IV. Ge- und Verbrauchsauflagen	9,6	8,7	8,6	7,5	7,4	7,5	7,5	9,4	5,3	9,8	7,3	7,3
V. Schatzungen (direkte Steuern)	47,8	47,5	47,4	48,1	49,5	50,9	47,3	55,3	64,1	54,5	51,3	51,3

Tabelle III

Procentuale Vertheilung sämmtlicher Steuer-Einnahmen auf die Erträge der einzelnen Steuern 1876—1887.

Steuer-Arten.	1876	1877	1878	1879	1880	1881	1882	1883	1884	1885	1886	1887	Durchschnitt
1. Handänderungsteuer	16,0	14,1	13,0	10,0	11,6	8,0	7,0	4,1	5,1	5,0	4,3	6,3	7,9
2. Stempelsteuer	4,0	4,0	4,1	4,2	3,9	4,1	4,3	3,0	5,0	3,0	3,0	4,1	4,1
3. Patentgebühr der Aktiengesellschaften	—	—	—	0,0	0,0	0,7	0,0	0,0	1,0	0,0	0,0	0,0	0,0*)
4. Banknotensteuer	—	—	—	—	—	—	—	0,0	1,1	1,1	0,0	1,1	1,1*)
Steuergebühren	**20,0**	**18,3**	**17,1**	**16,8**	**15,7**	**13,7**	**12,0**	**10,0**	**13,2**	**10,7**	**8,3**	**12,4**	**13,2**
1. Hundesteuer	0,1	0,0	0,0	0,1	0,0	0,1	0,0	0,0	0,0	0,0	0,0	0,0	0,0
2. Ohmgeld und Pintenschankpatente	6,1	6,0	6,4	5,0	4,0	5,1	4,2	4,1	5,0	4,0	3,0	4,0	4,0
3. Eingangszoll für Wein und Konsumogebühr	2,1	1,0	2,0	2,2	1,7	1,0	1,7	1,7	1,3	1,2	0,0	1,0	1,0
4. Salzregal	4,0	3,3	4,1	4,0	5,0	4,0	4,0	4,0	4,1	3,1	2,2	2,0	3,9
Ge- und Verbrauchs-Auflagen	**12,0**	**11,0**	**13,0**	**13,0**	**12,7**	**12,0**	**11,3**	**11,7**	**11,3**	**9,4**	**7,3**	**8,3**	**10,3**
1. Einkommen- und Erwerbsteuer	23,7	27,0	25,0	27,4	29,2	30,4	39,2	36,1	36,7	30,2	22,4	32,1	31,4
2. Vermögenssteuer	34,3	31,4	33,4	34,2	30,4	14,0	15,0	17,2	18,0	25,0	18,3	24,0	22,3
3. Städtische Gemeindesteuer	8,0	6,2	7,0	6,1	6,0	12,3	12,2	11,3	12,0	12,1	10,4	10,0	10,3
4. Erbschaftssteuer	1,7	5,7	1,1	0,2	4,4	5,2	8,4	9,2	4,2	5,2	30,4	7,0	9,1
5. Militärpflichtersatzsteuer	—	—	1,1	1,2	1,1	1,3	1,0	2,2	2,0	1,2	1,0	1,1	1,2*)
6. Feuerwehrsteuer	—	—	—	—	—	1,1	1,1	1,1	1,0	1,0	0,7	0,0	1,1*)
Schatzungen	**66,3**	**69,2**	**68,1**	**70,1**	**72,1**	**73,3**	**76,1**	**78,3**	**75,9**	**79,4**	**63,1**	**78,3**	**76,3**

*) **Anmerkung.** Der Durchschnitt derjenigen Einnahmen, welche nicht alle zehn Jahre durchlaufen, ist auf die Jahre reduzirt, welche die betreffenden Posten wirklich enthalten.

Tabelle IV.

Ergebnisse des Einkommensteuer-Bezugs im Stadtbezirk 1881—1887.

A. Zahl der Steuerpflichtigen und Höhe des Steuer-Ertrags.

Klassen.	Einkommen in Franken.	Steuerbetrag.	1881	1882	1883	1884	1885	1886	1887
			\multicolumn{7}{c}{Zahl der Steuerpflichtigen überhaupt.}						
I.	Ledige: 800—1200 / Verheiratete: 1200—1500	Fr. 5	1997	2043	2196	2292	2237	2502	2330
II.	Ledige: 1200—1500 / Verheiratete: 1500—1800	„ 10	1247	1246	1344	1320	1380	1442	1455
III.	1500 (bzw. 1800) —4000	1%	2214	2243	2333	2415	2587	2686	2791
IV.	4000— 8000	1 u. 2%	860	864	871	897	920	935	961
V.	8000—12000	1—3%	202	268	252	254	273	284	281
VI.	über 12000	1—4%	500	547	520	519	535	551	612
	Zusammen	—	7140	7211	7516	7697	7932	8400	8430
Klassen.	Einkommen.		\multicolumn{7}{c}{Steuer-Ertrag (in Franken).}						
I.	Ledige: 800—1200 / Verheiratete: 1200—1500	Fr. 5	9,965	10,215	10,980	11,460	11,185	12,510	11,650
II.	Ledige: 1200—1500 / Verheiratete: 1500—1800	„ 10	12,503	12,460	13,440	13,200	13,800	14,420	14,550
III.	1500 (bzw. 1800) —4000	1%	55,999	56,549	59,564	61,372	65,776	68,693	71,544
IV.	4000— 8000	1 u. 2%	62,018	62,149	63,427	65,112	66,960	68,718	70,505
V.	8000—12000	1—3%	45,729	46,862	45,153	44,881	47,898	50,580	50,400
VI.	über 12000	1—4%	931,710	895,512	781,479	745,207	766,699	827,339	974,409
	Zusammen	—	1,117,924	1,083,747	974,043	941,232	972,318	1,042,260	1,193,058

Tabelle V.

Ergebnisse des Einkommensteuer-Bezugs im Stadtbezirk 1881—1887.

B. Prozentuale Vertheilung der Steuerpflichtigen und des Steuer-Ertrags auf die Klassen.

Klassen.	Einkommen in Franken.	Steuer-betrag.	1881	1882	1883	1884	1885	1886	1887
			Von je 100 Steuerpflichtigen entfallen auf jede Klasse:						
I.	Ledige: 800—1200 Verheiratete: 1200—1500	Fr. 5	28,0	28,3	29,2	29,3	28,2	29,3	27,6
II.	Ledige: 1200—1500 Verheiratete: 1500—1800	„ 10	17,3	17,3	17,0	17,3	17,4	17,3	17,3
III.	1500 (bzw. 1800) —4000	1°/₀	31,0	31,1	31,1	31,4	32,0	32,0	33,1
IV.	4000 —8000	1 u. 2°/₀	12,0	12,0	11,4	11,6	11,0	11,1	11,4
V.	8000—12000	1—3°/₀	3,7	3,7	3,3	3,3	3,4	3,4	3,3
VI.	über 12000	1—4°/₀	7,3	7,3	6,9	6,7	6,3	6,3	7,3

Klassen.	Einkommen.		Von je 100 Fr. Ertrag entfallen auf jede Klasse:						
I.	Ledige: 800—1200 Verheiratete: 1200—1500	Fr. 5	0,9	0,9	1,1	1,2	1,2	1,2	1,0
II.	Ledige: 1200—1500 Verheiratete: 1500—1800	„ 10	1,1	1,2	1,4	1,4	1,4	1,4	1,3
III.	1500 (bzw. 1800) —4000	1°/₀	5,0	5,3	6,1	6,3	6,3	6,3	6,0
IV.	4000— 8000	1 u. 2°/₀	5,6	5,7	6,3	6,9	6,9	6,3	5,9
V.	8000—12000	1—3°/₀	4,1	4,2	4,7	4,3	4,9	4,0	4,2
VI.	über 12000	1—4°/₀	83,3	82,6	80,3	79,3	78,6	79,4	81,7

Tabelle VI.

Ergebnisse der Einschätzung zur städtischen Gemeindesteuer 1881—1887.

A. Zahl der Steuerpflichtigen.

Einkommensklassen.	1881	1882	1883	1884	1885	1886	1887
bis zu Fr. 1500 *)	12,057	12,900	9,804	10,120	9,931	10,301	10,695
über 1,500— 2,000	4,084	3,780	1,441	1,559	1,690	1,936	3,855
„ 2,000— 3,000			2,283	2,218	2,017	1,960	
„ 3,000— 4,000	1,401	1,386	413	440	609	611	699
„ 4,000— 6,000			996	980	901	865	862
„ 6,000—12,000	529	545	554	553	621	604	841
„ 12,000—20,000	192	204	202	198	220	227	
„ 20,000—40,000	134	151	146	151	159	153	171
„ 40,000—60,000	31	41	40	41	57	55	61
„ 60,000 Fr.	54	65	60	58	77	75	67
Zusammen	18.482	19.078	15.939	16.318	16.491	16,787	17,251
Darunter:							
Bürger und Niedergelassene	15,234	16,149	14,031	14,197	14,461	14,857	15,985
Aufenthalter	3,248	2,929	1,908	2,121	2,030	1,930	1,266

*) In den Jahren 1881 und 1882 ist eine Untergrenze dieser Klasse nicht bestimmt: von 1883—1887 beträgt dieselbe 800 Fr. Im Jahr 1887 ist ausserdem für das zweite Halbjahr die Klasse getheilt: Einkommen von 800—1200 Fr. mit einem Steuersatz von 6 Fr. und Einkommen von 1200—1500 Fr. mit einer Steuer von 8 Fr.

Tabelle VII.

Ergebnisse der Einschätzung zur städtischen Gemeindesteuer 1881—1887.

B. Ertrag.

Einkommensklassen.	1881	1882	1883	1884	1885 *)	1886 *)	1887
	Fr.	Fr.	Fr.	Fr.	Fr.	Fr.	Fr.
bis zu Fr. 1,500 **)	72,342	77,408	68,826	60,720	83.418	80,524	60,293
über 1,500— 2,000	65,360	60,568	14,402	15,595	26,460	27,108	54,954
„ 2,000— 3,000			36,528	35,484	45,170	43,915	
„ 3,000— 4,000	44,808	44,352	9,900	10,566	20,521	20,546	18,336
„ 4,000— 6,000			31,864	31,360	40,342	38,752	31,082
„ 6,000—12,000	31,770	32,085	33,255	33,180	52.143	50,730	73,286
„ 12,000—20,000	23,010	24.540	24,270	23,760	38,514	38,094	
„ 20,000—40,000	32,160	36,300	35,100	36,160	53,508	51,324	48,840
„ 40,000—60,000	15,375	20,375	20,125	20,375	39,550	38,675	33,775
„ 60,000 Fr.	53,750	65,000	60,000	58,000	107,100	104,650	88,550
Zusammen	**338.575**	**361.223**	**324.270**	**325.220**	**506.726**	**500.324**	**415.116**
Darunter:							
von Bürgern und Niedergelassenen	318,990	343,456	312,623	311,890	489,289	483,648	407,180
von Aufenthaltern	19,585	17,767	11,647	13,330	17,437	16,676	7,936
Unerhältlich	9,429	5,745	2,889	3,091	5,996	5,930	3,893
Darunter von Bürgern u. Niedergelassenen	6,293	4,430	2,710	2,925	5,258	4,372	3,356
von Aufenthaltern	3,136	1,315	179	166	738	1,558	537

*) In den Jahren 1885 und 1886 sind 40% Zuschlag erhoben worden. Die Ziffern müssen deshalb, um mit denen der nächsten Jahre verglichen werden zu können, um so viel reducirt werden. Der einfache Steuersatz würde ergeben haben:

	für 1885	für 1886
als Gesammtertrag	Fr. 361,947	Fr. 357,874
von Bürgern und Niedergelassenen	„ 349,492	„ 345,463
von Aufenthaltern	„ 12,455	„ 11,911

**) Siehe die Anmerkung zu Tabelle VI.

Tabelle VIII.

Ergebnisse der Einschätzung zur städtischen Gemeindesteuer 1881 — 1887.

C. Prozentuale Vertheilung der Steuerpflichtigen auf die einzelnen Klassen.

Einkommensklassen.	1881	1882	1883	1884	1885	1886	1887
bis zu Fr. 1,500 *)	65,2	67,4	61,3	62,0	60,1	61,4	62,3
über 1,500— 2,000	22,1	19,3	9,0	9,4	11,3	11,3	22,3
„ 2,000— 3,000			14,3	13,4	12,3	11,7	
„ 3,000— 4,000	7,0	7,2	2,4	2,7	3,7	3,0	4,0
„ 4,000— 6,000			6,2	6,0	5,3	5,2	5,0
„ 6,000—12,000	2,0	2,0	3,3	3,4	3,7	3,0	4,3
„ 12,000—20,000	1,0	1,1	1,3	1,2	1,4	1,4	
„ 20,000—40,000	0,7	0,3	0,3	0,3	1,0	0,0	0,3
„ 40,000—60,000	0,3	0,3	0,3	0,3	0,3	0,3	0,3
„ 60,000 Fr.	0,5	0,3	0,4	0,4	0,3	0,1	0,4
Zusammen	100	100	100	100	100	100	100
Bürger und Niedergelassene	82,1	84,0	88,0	87,0	87,7	88,3	92,7
Aufenthalter	17,4	15,4	12,0	13,0	12,3	11,3	7,3

*) Siehe Anmerkung zu Tabelle VI.

Tabelle IX.

Ergebnisse der Einschätzung zur städtischen Gemeindesteuer 1881 — 1887.

D. Prozentuale Betheiligung der einzelnen Steuerklassen am Gesammt-Ertrage.

Einkommensklassen.	1881	1882	1883	1884	1885	1886	1887
bis zu Fr. 1,500 *)	21,4	21,4	18,1	18,7	16,5	17,3	16,0
über 1,500— 2,000	19,3	16,3	4,4	4,6	5,3	5,4	13,2
„ 2,000— 3,000			11,3	10,9	8,9	8,3	
„ 3,000— 4,000	13,2	12,3	3,1	3,5	4,0	4,1	4,4
„ 4,000— 6,000			9,5	9,0	8,0	7,3	7,5
„ 6,000—12,000	9,4	9,0	10,3	10,2	10,3	10,1	17,7
„ 12,000—20,000	6,1	6,5	7,5	7,3	7,6	7,4	
„ 20,000—40,000	9,5	10,1	10,6	11,1	10,6	10,3	11,0
„ 40,000—60,000	4,6	5,4	6,3	6,3	7,5	7,7	8,1
„ 60,000 Fr.	15,8	18,6	18,5	17,8	21,1	20,9	21,3
Zusammen	100	100	100	100	100	100	100
Darunter von:							
Bürgern und Niedergelassenen	94,2	95,1	96,4	95,9	96,4	96,7	98,1
Aufenthaltern	5,8	4,9	3,6	4,1	3,6	3,3	1,9
Unerhältlich	2,8	1,6	0,9	0,9	1,8	1,2	0,9
von Bürgern und Niedergelassenen	2,0	1,3	0,9	0,9	1,1	0,9	0,4
von Aufenthaltern	16,0	7,4	1,5	1,2	4,9	9,4	6,0

*) Siehe Anmerkung zu Tabelle VI.

Ergebnisse der Einschätzung zur städtischen Gemeindesteuer 1887.

Einkommen.	Zahl der Steuerpflichtigen.			Steuer-Ertrag.			Von je 100 Steuerpflichtigen entfielen auf die einzelnen Klassen			Von je 100 Franken Ertrag lieferten die einzelnen Klassen		
	I. u. II. Quartal.	III. u. IV. Quartal.	Zusammen.	I. u. II. Quartal.	III. u. IV. Quartal.	Zusammen.	I. u. II. Quartal.	III. u. IV. Quartal.	überhaupt	I. u. II. Quartal.	III. u. IV. Quartal.	überhaupt
Fr. 600— 1,200	10,711	8,502	10,695	32,135	25,640	66,203	62,4	49,4	62,5	18,0	10,0	10,5
„ 1,200— 1,500	2,118			8,472				12,3		3,8		
„ 1,500— 2,000	2,130			12,777				12,3	22,5	5,4	22,5	10,5
„ 2,200— 3,000	3,885	1,696	3,856	25,227	10,850	54,854	22,5	9,8		14,1	7,2	13,9
„ 3,000— 4,000	818	780	699	7,416	10,820	18,306	3,8	4,5	4,4	4,3	7,5	4,4
„ 4,000— 6,000	852	872	802	17,632	17,450	31,082	5,0	5,0	5,0	7,1	7,1	7,5
„ 6,000— 10,000	829	609	841	31,620	17,300	73,280	4,8	2,5	4,8	7,3	5,2	7,3
„ 10,000— 15,000	219	219		13,110				1,3			5,2	
„ 15,000— 20,000	125		841	11,250				0,7	4,3		4,6	17,3
„ 20,000— 30,000	156	118	171	18,720	16,520	48,840	0,9	0,3	0,3	10,5	6,9	11,0
„ 30,000— 40,000	68	68	98	14,125	13,000	33,775	0,4	0,3	0,3	7,5	5,5	8,1
„ 40,000— 60,000	57	65	61	14,125	19,630		0,4	0,3	0,3		8,3	
„ 60,000— 100,000		27			13,500			0,2			6,2	
„ 100,000— 150,000	70	16	47	35,250	12,800	88,550	0,1	0,1	0,4	19,3	5,4	21,3
„ 150,000— 200,000		10			12,000			0,1			5,1	
„ 200,000.		10			15,000			0,1			6,3	
Zusammen	17,178	17,323	17,231	178,123	236,002	415,118	100	100	100	100	100	100

Tabelle XI.

Berechnung des Gesammt-Einkommens der zur städtischen Gemeindesteuer Pflichtigen im Jahr 1887.

Klassen.	Zahl der Steuerpflichtigen.	Durchschnittliches Einkommen.	Gesammt-Einkommen.	Procentuale Vertheilung	
				des Einkommens	der Steuer.
		Fr.	Fr.		
I.	8,562	1,000	8,562,000	16,3	10,8
II.	2,118	1,350	2,859,300	5,4	3,6
III.	2,130	1,850	3,940,500	7,5	5,4
IV.	1,695	2,600	4,407,000	8,4	7,3
V.	780	3,500	2,730,000	5,2	4,6
VI.	872	5,000	4,360,000	8,3	7,4
VII.	509	8,000	4,072,000	7,9	7,2
VIII.	219	12,500	2,737,500	5,2	5,3
IX.	125	17,500	2,187,500	4,1	4,6
X.	118	25,000	2,950,000	5,6	6,9
XI.	68	35,000	2,380,000	4,5	5,7
XII.	65	50,000	3,250,000	6,3	8,3
XIII.	27	80,000	2,160,000	4,1	5,7
XIV.	16	125,000	2,000,000	3,8	5,6
XV.	10	175,000	1,750,000	3,5	5,1
XVI.	10	225,000	2,250,000	4,3	6,3
Zusammen	17.324	—	52.595.800	100	100

Tabelle XII.

Ergebnisse der Vermögenssteuer-Einschätzung im Stadtbezirk in den Jahren 1867—1887.

A. Zahl der Steuerpflichtigen nach Klassen.

Klassen.	Vermögen (in Franken).	1867	1868	1871	1875	1879	1881	1883	1887
I.—III.	bis zu 20,000 *) . . .	1669	1309	1407	1731	2078½	1923½	1955	1955
IV. V.	über 20,000— 40,000	626	572	573	641	693½	679	763	812
VI. VII.	„ 40,000— 60,000	257	251	252	333	327	353	387	387
VIII. IX.	„ 60,000— 80,000	134	128	129	152	187	193	211	247
X. XI.	„ 80,000—100,000	80	82	96	95	112	116	121	187
XII. XIII.	„ 100,000—150,000	121	129	145	182	186	181	214	446
XIV. XV.	„ 150,000—200,000	76	85	89	99½	100	107	144	
XVI.XVII.	„ 200,000—250,000	77	72	80	59	79	80	82	84
XVIII.	„ 250,000—300,000	43	49	51	54	37	29	41	73
XIX.	„ 300,000—350,000	22	20	27	51	43	45	32	47
XX.	„ 350,000—400,000	26	25	22	19	27	25	43	37
XXI.	„ 400,000—450,000	20	23	26	23	19	21	21	37
XXII.	„ 450,000—500,000	27	28	22	19	13	11	16	24
XXIII.	„ 500,000—600,000	30	28	34	48	36	46	25	42
XXIV.	„ 600,000—700,000	20	16	16	26	38	35	40	31
XXV.	„ 700,000—800,000	20	23	18	13	23	21	27	26
XXVI.	„ 800,000—900,000	17	15	14	17	19	17	13	29
XXVII.	„ 900,000—1 Million.	13	12	7	7	11	12	14	11
XXVIII.	über 1 Million	62	62	71	82	85	86	96	111
	Zusammen . . .	3340	2929	3141	3651½	4114	3980½	4245	4586

*) Die erste Klasse beginnt von 1867—1879 mit 3000 Fr., von 1881 ab mit 5000 Fr.

Tabelle XIII.
Ergebnisse der Vermögenssteuer-Einschätzung im Stadtbezirk in den Jahren 1867—1887.

B. Steuer-Ertrag nach Klassen.

Klassen.	Vermögen (in Franken).	1867 Fr.	1868 Fr.	1871 Fr.	1875 Fr.	1879 Fr.	1881 Fr.	1883 Fr.	1887 Fr.
I.—III.	bis zu . . . 20,000	10,560	8,667	9,584	11,031	25,349	16,056	16,164	16,353
IV. V.	über 20,000— 40,000	14,780	13,490	13,600	15,410	33,330	16,370	18,270	19,540
VI. VII.	„ 40,000— 60,000	11,180	11,030	11,130	14,810	29,280	15,710	17,080	17,050
VIII. IX.	„ 60,000— 80,000	8,600	8,200	8,250	9,850	24,080	12,420	13,710	16,020
X. XI.	„ 80,000—100,000	6,810	6,980	8,080	8,000	19,020	9,850	10,210	15,900
XII. XIII.	„ 100,000—150,000	13,125	14,175	15,700	19,600	41,000	19,950	23,925	68,000
XIV. XV.	„ 150,000—200,000	12,250	13,700	14,300	15,962	32,100	17,225	22,975	
XVI. XVII.	„ 200,000—250,000	16,425	15,250	16,850	12,250	32,800	16,650	17,375	23,200
XVIII.	„ 250,000—300,000	10,750	12,250	12,750	13,500	18,500	7,250	10,250	27,100
XIX.	„ 300,000—350,000	6,600	6,000	8,100	15,300	25,800	13,500	9,600	22,250
XX.	„ 350,000—400,000	9,100	8,750	7,700	6,650	18,900	8,750	15,050	21,400
XXI.	„ 400,000—450,000	8,000	9,200	11,200	9,200	15,200	8,400	8,400	24,050
XXII.	„ 450,000—500,000	12,150	12,600	9,900	8,550	11,700	4,950	7,200	18,000
XXIII.	„ 500,000—600,000	15,000	14,000	17,000	24,000	36,000	23,000	12,500	37,400
XXIV.	„ 600,000—700,000	12,000	9,600	9,600	15,600	45,600	21,000	24,000	33,750
XXV.	„ 700,000—800,000	14,000	16,100	12,600	9,100	32,200	14,700	18,900	33,600
XXVI.	„ 800,000—900,000	13,600	12,000	11,200	13,600	30,400	13,600	10,400	43,350
XXVII.	„ 900,000—1 Million	11,700	10,800	6,300	6,300	19,800	10,800	12,600	18,850
XXVIII.	über 1 Million	112,500	113,500	130,000	156,700	338,500	172,500	198,000	468,950
	Zusammen . . .	319,130	316,352	334,004	385,413*)	829,559	422,681	466,609	924,763
	Steuerfuss	1°/₀₀	1°/₀₀	1°/₀₀	1°/₀₀	2°/₀₀	1°/₀₀	1°/₀₀	1—2°/₀₀

*) Staatsrechnung und Verwaltungsbericht enthalten die unrichtige Ziffer 385,463.

Tabelle XIV.

Ergebnisse der Vermögenssteuer-Einschätzung im Stadtbezirk 1867—1887.

C. Procentuale Vertheilung der Steuerpflichtigen auf die Klassen.

Klassen.	Vermögen (in Franken)	1867	1868	1871	1875	1879	1881	1883	1887
L-III.	bis zu 20,000	49,7	44,7	46,7	47,4	50,8	48,8	46,1	42,8
IV. V.	über 20,000— 40,000	18,2	19,3	18,2	17,0	16,0	17,1	18,0	17,7
VI. VII.	„ 40,000— 60,000	7,7	8,8	8,0	9,1	7,3	9,0	9,1	8,5
VIII. IX.	„ 60,000— 80,000	4,0	4,1	4,1	4,2	4,3	4,4	4,0	5,4
X. XI.	„ 80,000—100,000	2,1	2,8	3,1	2,4	2,7	2,8	3,0	4,1
XII. XIII.	„ 100,000—150,000	3,4	4,1	4,4	5,0	4,5	4,3	5,0	9,7
XIV. XV.	„ 150,000—200,000	2,8	2,0	2,4	2,7	2,3	2,7	3,4	
XVI. XVII.	„ 200,000—250,000	2,1	2,5	2,4	1,8	1,9	2,0	1,8	1,3
XVIII.	„ 250,000—300,000	1,5	1,7	1,4	1,3	0,8	0,7	0,8	1,4
XIX.	„ 300,000—350,000	0,7	0,7	0,8	1,4	1,0	1,1	0,8	1,0
XX.	„ 350,000—400,000	0,5	0,8	0,7	0,5	0,8	0,8	1,0	0,8
XXI.	„ 400,000—450,000	0,8	0,7	0,8	0,8	0,5	0,8	0,5	0,8
XXII.	„ 450,000—500,000	0,8	0,8	0,7	0,5	0,8	0,8	0,4	0,8
XXIII.	„ 500,000—600,000	0,8	0,8	1,1	1,3	0,8	1,2	0,4	0,8
XXIV.	„ 600,000—700,000	0,4	0,4	0,4	0,7	0,8	0,8	0,8	0,7
XXV.	„ 700,000—800,000	0,4	0,3	0,4	0,4	0,5	0,5	0,4	0,4
XXVI.	„ 800,000—900,000	0,5	0,3	0,4	0,5	0,5	0,4	0,8	0,7
XXVII.	„ 900,000—1 Million	0,4	0,4	0,2	0,2	0,8	0,3	0,8	0,8
XXVIII.	über 1 Million	1,0	2,1	2,8	2,2	2,1	2,2	2,0	2,4

Tabelle XV.

Ergebnisse der Vermögenssteuer-Einschätzung im Stadtbezirk 1867—1887.

D. Prozentuale Vertheilung des Steuer-Ertrags auf die Klassen.

Klassen.	Vermögen (in Franken).	1867	1868	1871	1875	1879	1881	1883	1887
I.—III.	bis zu 20,000	3,0	2,7	2,0	2,0	3,1	3,0	3,3	1,0
IV. V.	über 20,000— 40,000	4,6	4,5	4,1	4,0	4,0	3,0	4,0	2,1
VI VII.	„ 40,000— 60,000	3,6	3,4	3,1	3,2	3,5	3,7	3,7	1,8
VIII. IX.	„ 60,000— 80,000	2,7	2,6	2,3	2,6	2,0	2,3	2,0	1,7
X. XI.	„ 80,000—100,000	2,1	2,2	2,4	2,1	2,0	2,5	2,3	1,7
XII. XIII.	„ 100,000—150,000	4,1	4,3	4,7	5,1	4,6	4,7	5,1	} 7,4
XIV. XV.	„ 150,000—200,000	3,6	4,0	4,3	4,2	3,3	4,1	4,0	
XVI. XVII.	„ 200,000—250,000	5,1	4,6	5,1	3,6	4,0	3,8	3,7	2,5
XVIII	„ 250,000—300,000	3,4	3,9	3,0	3,5	2,3	1,7	2,3	2,0
XIX.	„ 300,000—350,000	2,1	1,0	2,4	4,0	3,1	3,2	2,1	2,4
XX.	„ 350,000—400,000	2,0	2,0	2,1	1,7	2,3	2,1	3,0	2,3
XXI.	„ 400,000—450,000	2,5	2,0	3,0	2,4	1,0	2,0	1,0	2,0
XXII.	„ 450,000—500,000	3,0	4,0	3,0	2,3	1,4	1,3	1,3	1,0
XXIII.	„ 500,000—600,000	4,7	4,4	5,1	6,0	4,3	5,4	2,7	4,1
XXIV.	„ 600,000—700,000	3,4	3,0	2,0	4,1	5,3	5,0	5,1	3,6
XXV.	„ 700,000—800,000	4,4	5,1	3,0	2,5	3,0	3,5	4,1	3,0
XXVI.	„ 800,000—900,000	4,3	3,0	3,3	3,5	3,7	3,5	2,5	4,7
XXVII.	„ 900,000— 1 Million	3,7	3,4	1,0	1,4	2,4	2,4	2,7	2,0
XXVIII.	über 1 Million	35,3	35,0	38,0	40,0	40,0	40,3	42,4	50,7

Tabelle XVI.

Ertrag der Vermögenssteuer und Höhe des Steuerkapitals 1867—1887.

Jahr.	Steuerfuss. ⁰/₀₀	Ertrag der Vermögenssteuer im Stadtbezirk.	Landbezirk.	Gesammt-Ertrag.	Steuerpflichtiges Vermögen in Millionen.	Zu- bzw. Abnahme des steuerpflichtigen Vermögens. ⁰/₀
1867	1	320,172. —	2,495. —	322,667. —	322,₇	
1868	1	316,352. —	3,050. —	319,402. —	319,₄	— 1,₀
1869	1	311,720. —	2,756. —	314,476. —	314,₄	— 1,₆
1870	—	—	—	—	—	+ 7,₁
1871	1	334,004. 31	2,918. 15	336,922. 46	336,₉	+ 2,₃
1872	1	. . . . .	. . . .	344,845. 65	344,₈	+ 3,₀
1873	1	. . . . .	. . . .	355,286. 80	355,₃	+ 2,₂
1874	1	. . . . .	. . . .	363,071. —	363,₁	+ 6,₉
1875	1	385,463. 50	2,860. 80	388,324. 30	388,₃	— 0,₃
1876	2	769,055. 66	5,562. 40	774,618. 06	387,₃	— 0,₄
1877	2	765,970. —	5,495. —	771,465. —	385,₇	— 0,₉
1878	2	759,358. —	5,451. —	764,809. —	382,₄	+ 9,₂
1879	2	829,559. —	5,797. —	835,356. —	417,₇	— 0,₀₈
1880	2	829,569. —	5,512. —	835,081. —	417,₅	+ 1,₉
1881	1	422,081. 50	3,124. —	425,805. 50	425,₂	+ 0,₆
1882	1	425,273. —	3,230. —	428,503. 35	428,₅	+ 9,₇
1883	1	466,609. —	3,322. —	469,931. —	469,₉	+ 0,₄
1884	1	468,348. —	3,306. —	471,654. —	471,₆	— 0,₉
1885	1,₅	836,444. 60	5,721. 80	842,166. 40	467,₄	+ 0,₄
1886	1,₅	839,452. —	5,577. 80	845,029. 80	469,₇	+ 22,₃
1887	1—2	925,870. 55	3,686. —	929,556. 55	576,₀	

— 79 —

Tabelle XVII.
Ergebnisse der Vermögenssteuer-Einschätzung im Jahr 1887.

Klasse.	Steuer-satz. ‰	Vermögen jedes Steuerpflichtigen.	Zahl der Steuerpflichtigen.	A. Steuerkapital, berechnet nach der Untergrenze der Klasse. Fr.	B. Steuerkapital, berechnet nach dem Durchschnitts-Vermögen der Klasse. Fr.	Ertrag der Steuer. Fr.	Auf die einzelnen Klassen entfallen von je 1000 Steuerpflichtigen	von je 1000 Fr. Steuerkapital Berechnung A	von je 1000 Fr. Steuerkapital Berechnung B	von je 1000 Franken Ertrag
I.	5	5,000— 8,000	705	3,525,000	4,582,500	3,525	154	6	8	4
II.	8	8,000— 12,000	543	4,344,000	5,430,000	4,344	118	8	9	5
III.	12	12,000— 20,000	707	8,484,000	11,312,000	8,484	154	15	18	9
IV.	20	20,000— 30,000	482	9,640,000	12,050,000	9,640	105	17	20	10
V.	30	30,000— 40,000	330	9,900,000	11,550,000	9,900	72	18	19	11
VI.	40	40,000— 50,000	230	9,200,000	10,350,000	9,200	50	16	17	10
VII.	50	50,000— 60,000	157	7,850,000	8,635,000	7,850	35	14	15	8
VIII.	60	60,000— 70,000	127	7,620,000	8,255,000	7,620	28	13	14	8
IX.	70	70,000— 80,000	120	8,400,000	9,000,000	8,400	26	15	15	9
X.	80	80,000— 90,000	93	7,440,000	7,905,000	7,440	20	13	13	8
XI.	90	90,000— 100,000	94	8,460,000	8,930,000	8,460	21	15	15	9
XII.	100	100,000— 120,000	112	11,200,000	12,320,000	11,200	24	19	20	12
XIII.	130	120,000— 140,000	99	11,880,000	12,870,000	12,870	22	21	22	14
XIV.	160	140,000— 160,000	102	14,280,000	15,300,000	16,320	22	25	25	18
XV.	190	160,000— 180,000	55	8,800,000	9,350,000	10,450	12	15	16	11
XVI.	220	180,000— 200,000	78	14,040,000	14,820,000	17,160	17	25	25	19
XVII.	250	200,000— 225,000	40	8,000,000	8,500,000	10,000	9	14	14	11
XVIII.	300	225,000— 250,000	44	9,900,000	10,530,000	13,200	9	18	18	14
XIX.	350	250,000— 275,000	42	10,500,000	11,025,000	14,700	9	18	18	16
XX.	400	275,000— 300,000	31	8,525,000	8,912,500	12,400	7	15	15	13
XXI.	450	300,000— 325,000	25	7,500,000	7,812,500	11,250	5	13	13	12
XXII.	500	325,000— 350,000	22	7,150,000	7,425,000	11,000	5	12	12	12
XXIII.	550	350,000— 375,000	16	5,600,000	5,800,000	8,800	3	9	9	9
XXIV.	600	375,000— 400,000	21	7,875,000	8,137,500	12,600	5	14	13	13
XXV.	650	400,000— 450,000	37	14,800,000	15,725,000	24,050	8	26	26	26
XXVI.	750	450,000— 500,000	24	10,800,000	11,400,000	18,000	5	19	19	19
XXVII.	850	500,000— 550,000	25	12,500,000	13,125,000	21,250	5	22	22	23
XXVIII.	950	550,000— 600,000	17	9,350,000	9,775,000	16,150	4	16	16	18
XXIX.	1050	600,000— 650,000	19	11,400,000	11,875,000	19,950	4	20	19	21
XXX.	1150	650,000— 700,000	12	7,800,000	8,100,000	13,800	3	14	13	15
XXXI.	1250	700,000— 750,000	15	10,500,000	10,875,000	18,750	3	18	18	20
XXXII.	1350	750,000— 800,000	11	8,250,000	8,525,000	14,850	3	14	14	19
XXXIII.	1450	800,000— 850,000	16	12,800,000	13,200,000	23,200	4	22	22	25
XXXIV.	1550	850,000— 900,000	13	11,050,000	11,375,000	20,150	3	19	19	22
XXXV.	1650	900,000— 950,000	4	3,600,000	3,700,000	6,600	1	6	6	7
XXXVI.	1750	950,000— 1,000,000	7	6,650,000	6,725,000	12,250	1	11	11	13
XXXVII.	1850	1,000,000—1,100,000	10	10,000,000	10,500,000	18,500	2	18	17	20
XXXVIII.	2050	1,100,000—1,200,000	14	15,400,000	16,100,000	28,700	3	27	27	31
XXXIX.	2250	1,200,000—1,300,000	11	13,200,000	13,750,000	24,750	2	23	23	27
XL.	2450	1,300,000—1,400,000	8	10,400,000	10,800,000	19,600	2	18	18	21
XLI.	2650	1,400,000—1,500,000	7	9,800,000	10,150,000	18,550	2	17	17	20
XLII.	2850	1,500,000—1,600,000	6	9,000,000	9,300,000	17,100	1	16	15	19
XLIII.	3050	1,600,000—1,700,000	4	6,400,000	6,600,000	12,200	1	11	11	13
XLIV.	3250	1,700,000—1,800,000	4	6,800,000	7,000,000	13,000	1	12	12	14
XLV.	3450	1,800,000—1,900,000	3	5,400,000	5,550,000	10,350	0,6	9	9	11
XLVI.	3650	1,900,000—2,000,000	2	3,800,000	3,900,000	7,300	0,4	7	7	8
XLVII.	1-2‰	2,000,000 u. darüber	42	152,000,000	156,800,000	298,900	9	267	257	323
		Zusammen	4586	572,413,000	605,652,000	924,763	1000	1000	1000	1000

Tabelle XVIII.
Zahl der Steuerpflichtigen zu den drei direkten Hauptsteuern 1881—1887.

Jahr.	Stadtbezirk.						Landbezirk.			Kanton.			Von je 100 der städt. Gemeindesteuer entrichteten auch
	Vermögens-steuer.	Ein-kommen-steuer.	Städt. Gemeindesteuer: Steuerpflichtige				Vermögens-steuer.	Ein-kommen-steuer.		Vermögens-steuer.	Ein-kommen-steuer.	Vermögens-steuer.	Ein-kommen-steuer.
			überhaupt.	Bürger und Mietergelasenen	Anwohner								
1881	3,981	7,140	18,482	15,234	3,248		171	171		4,152	7,311	21,5	38,4
1882	3,892	7,211	19,078	16,149	2,929		171	204		4,063	7,415	20,4	37,8
1883	4,245	7,510	19,039	14,031	1,008		205	198		4,450	7,714	20,6	41,8
1884	4,149	7,697	19,318	14,197	2,121		205	204		4,354	7,901	25,1	47,3
1885	4,118	7,932	16,491	14,461	2,030		196	213		4,314	8,145	24,9	48,1
1886	4,106	8,400	18,787	14,857	1,930		191	220		4,297	8,628	24,3	50,0
1887	4,586	8,430	17,251	15,045	1,266		194	218		4,780	8,648	26,4	48,9
Zu- od. Abnahme von 1881—1887:													
überhaupt .	+ 605	+1,290	−1,231	+ 751	−1,982		+ 23	+ 47		+ 628	+1,337	+5,3	+10,5
Procent .	+15,3	+18,5	−6,7	+ 4,9	−61,0		+13,5	+27,5		+15,1	+18,3	+25,3	−20,3

Tabelle XIX.
Die Ergebnisse des Gemeindesteuer-Bezugs für das IV. Quartal 1887, combinirt mit den Ergebnissen des Vermögenssteuer-Bezugs vom November 1887.

Vermögen in Franken.	Vermögens-Steuer mtz.	__ Fr. 6	Fr. 8	Fr. 12	Fr. 20	Fr. 30	Fr. 40	Fr. 68	Fr. 120	Fr. 140	Fr. 290	Fr. 600	Fr. 1000	Fr. 1200	Fr. 1800	über Fr. 3000	Zusammen
unter 5,000	—	7092	1956	1783	967	303	158	24	—	—	—	—	—	—	—	—	12283
5,000— 8,000	5	46	36	93	181	66	54	10	—	—	—	—	—	—	—	—	486
8,000— 12,000	8	40	23	52	144	70	69	7	1	1	—	—	—	—	—	—	407
12,000— 20,000	12	56	36	72	135	94	98	18	3	1	—	—	—	—	—	—	513
20,000— 30,000	20	35	33	45	81	61	123	29	4	1	—	—	—	—	—	—	412
30,000— 40,000	30	3	17	31	59	52	83	42	3	1	—	—	—	—	—	—	291
40,000— 50,000	40	1	1	29	41	21	70	35	5	1	—	—	—	—	—	—	204
50,000— 60,000	50	—	2	9	22	14	47	44	3	1	—	—	—	—	—	—	142
60,000— 70,000	60	—	—	1	29	20	20	21	5	1	—	—	—	—	—	—	97
70,000— 80,000	70	—	—	1	21	19	35	17	4	1	—	—	—	—	—	—	98
80,000— 90,000	80	—	—	—	8	18	14	29	7	3	2	—	—	—	—	—	81
90,000— 100,000	90	—	—	—	3	15	26	27	8	2	2	—	—	—	—	—	83
100,000— 120,000	100	—	—	—	1	15	28	31	16	6	2	1	—	—	—	—	100
120,000— 140,000	130	—	—	—	—	12	17	30	23	11	2	—	—	—	—	—	95
140,000— 160,000	160	—	—	—	—	2	23	42	10	8	8	—	—	—	—	—	93
160,000— 180,000	190	—	—	—	—	—	6	27	7	4	2	1	—	—	—	—	47
180,000— 200,000	220	—	—	—	—	1	3	29	13	10	4	—	—	—	—	—	60
200,000— 225,000	250	—	—	—	—	—	2	16	11	3	4	—	—	—	—	—	36
225,000— 250,000	300	—	—	—	—	—	1	16	15	8	2	—	—	—	—	—	42
250,000— 275,000	350	—	—	—	—	—	1	4	21	7	5	2	—	—	—	—	40
275,000— 300,000	400	—	—	—	—	—	—	6	13	11	5	4	2	—	—	—	31
300,000— 325,000	450	—	—	—	—	—	—	1	12	5	3	1	—	—	—	—	22
325,000— 350,000	500	—	—	—	—	—	—	1	8	7	5	—	—	—	—	—	21
350,000— 375,000	550	—	—	—	—	—	—	—	6	5	2	—	—	—	—	—	13
375,000— 400,000	600	—	—	—	—	—	—	—	6	9	1	2	2	—	—	—	20
400,000— 450,000	650	—	—	—	—	—	—	1	10	12	4	5	2	—	—	—	34
450,000— 500,000	750	—	—	—	—	—	—	—	2	5	11	1	1	—	—	—	20
500,000— 550,000	850	—	—	—	—	—	—	—	3	5	11	2	2	—	1	—	24
550,000— 600,000	950	—	—	—	—	—	—	—	—	1	12	2	2	—	—	—	17
600,000— 650,000	1050	—	—	—	—	—	—	—	—	3	10	3	2	—	—	—	18
650,000— 700,000	1150	—	—	—	—	—	—	—	1	1	5	5	—	—	—	—	12
700,000— 750,000	1250	—	—	—	—	—	—	—	—	1	7	5	2	—	—	—	15
750,000— 800,000	1350	—	—	—	—	—	—	—	—	—	2	6	2	—	—	—	10
800,000— 850,000	1450	—	—	—	—	—	—	—	—	—	2	9	3	—	—	—	14
850,000— 900,000	1550	—	—	—	—	—	—	—	—	—	2	5	4	1	—	—	12
900,000— 950,000	1650	—	—	—	—	—	—	—	—	—	—	2	2	—	—	—	4
950,000—1,000,000	1750	—	—	—	—	—	—	—	—	—	1	2	3	1	—	—	7
1,000,000—1,100,000	1850	—	—	—	—	—	—	—	—	—	1	2	4	2	—	—	9
1,100,000—1,200,000	2050	—	—	—	—	—	—	—	—	—	1	3	8	1	—	—	13
1,200,000—1,300,000	2250	—	—	—	—	—	—	—	—	—	—	2	7	1	1	—	11
1,300,000—1,400,000	2450	—	—	—	—	—	—	—	—	—	—	—	5	2	—	—	7
1,400,000—1,500,000	2650	—	—	—	—	—	—	—	—	—	—	1	4	2	—	—	7
1,500,000—1,600,000	2850	—	—	—	—	—	—	—	—	—	—	—	4	—	2	—	6
1,600,000—1,700,000	3050	—	—	—	—	—	—	—	—	—	—	2	1	—	1	—	4
1,700,000—1,800,000	3250	—	—	—	—	—	—	—	—	—	—	—	2	2	—	—	4
1,800,000—1,900,000	3450	—	—	—	—	—	—	—	—	—	—	—	1	2	—	—	3
1,900,000—2,000,000	3650	—	—	—	—	—	—	—	—	—	—	—	—	2	—	—	2
über 2,000,000	1-2 °/oo	—	—	—	—	—	—	—	—	—	—	—	11	13	8	10	42
Zusammen		7273	2104	2116	1692	783	878	507	220	125	118	68	65	27	16	10	16012

Tabelle XX.

Belastung von Einkommen verschiedener Höhe und Art durch die drei direkten Hauptsteuern nach dem Gesetze vom 21. März 1887.

Höhe des Einkommens in Franken.	Entsprechendes Vermögen bei 4% Rente.	Steuerbetrag (in Franken) bei der			Steuerbetrag von je 100 Fr. bei der			Gesammte Belastung des reinen Renten-Einkommens.		Gesammte Belastung des reinen Arbeits-Einkommens.		Gesammte Belastung eines halb aus Rente, halb aus Arbeit stammenden Einkommens.	
		Vermögenssteuer.	Einkommensteuer.	Städt. Gemeindesteuer.	Vermögenssteuer.	Einkommensteuer.	Städt. Gemeindesteuer.	Franken.	Procent.	Franken.	Procent.	Franken.	Procent.
1	2	3	4	5	6	7	8	9	10	11	12	13	14
200	5,000	5	—	—	2,50	—	—	5	2,50	—	—	—	—
300	7,500	5	—	—	1,66	—	—	5	1,66	—	—	—	—
400	10,000	8	—	—	2,00	—	—	8	2,00	—	—	5	1,25
500	12,500	12	—	—	2,40	—	—	12	2,40	—	—	5	1,00
600	15,000	12	—	—	2,00	—	—	12	2,00	—	—	5	0,83
700	17,500	12	—	—	1,71	—	—	12	1,71	—	—	8	1,14
800	20,000	12	—	6	1,50	—	0,75	18	2,25	6	0,75	14	1,75
900	22,500	20	—	6	2,22	—	0,66	26	2,88	6	0,66	14	1,55
1,000	25,000	20	—	6	2,00	—	0,60	26	2,60	6	0,60	18	1,80
1,500	37,500	30	8	8	2,00	0,53	0,53	46	3,06	16	1,06	28	1,87
2,000	50,000	40	20	12	2,00	1,00	0,60	72	3,60	32	1,60	52	2,60
2,500	62,500	60	25	20	2,40	1,00	0,80	105	4,20	45	1,80	75	3,00
3,000	75,000	70	30	20	2,33	1,00	0,66	120	4,00	50	1,66	80	2,66
3,500	87,500	80	35	28	2,27	1,00	0,80	143	4,00	63	1,80	103	2,88
4,000	100,000	90	40	28	2,25	1,00	0,70	158	3,95	68	1,70	108	2,77
5,000	125,000	130	60	40	2,60	1,20	0,80	230	4,60	100	2,00	160	3,20
6,000	150,000	160	80	40	2,66	1,33	0,66	280	4,66	120	2,00	190	3,16
7,000	175,000	190	100	68	2,71	1,43	0,97	358	5,11	168	2,40	248	3,54
8,000	200,000	220	120	68	2,75	1,50	0,85	408	5,10	188	2,35	278	3,47
9,000	225,000	250	150	68	2,77	1,66	0,75	468	5,20	218	2,44	318	3,53
10,000	250,000	300	180	68	3,00	1,80	0,68	548	5,48	248	2,48	378	3,78
11,000	275,000	350	210	120	3,18	1,91	1,00	680	6,18	330	3,00	460	4,18
12,000	300,000	400	240	120	3,33	2,00	1,00	760	6,33	360	3,00	520	4,33
13,000	325,000	450	280	120	3,46	2,15	0,92	850	6,54	400	3,07	590	4,54
14,000	350,000	500	320	120	3,57	2,29	0,85	940	6,72	440	3,15	630	4,50
15,000	375,000	550	360	120	3,66	2,40	0,80	1,030	6,88	480	3,20	700	4,66
16,000	400,000	600	400	180	3,75	2,50	1,12	1,180	7,37	580	3,62	800	5,00
20,000	500,000	750	560	180	3,75	2,80	0,90	1,490	7,45	740	3,70	1,040	5,20
30,000	750,000	1,250	960	280	4,16	3,20	0,93	2,490	8,30	1,240	4,13	1,790	5,96
40,000	1,000,000	1,750	1,360	400	4,37	3,40	1,00	3,510	8,97	1,760	4,40	2,510	6,27
50,000	1,250,000	2,250	1,760	600	4,50	3,52	1,20	4,610	9,20	2,360	4,72	3,410	6,82
60,000	1,500,000	2,850	2,160	600	4,42	3,60	1,00	5,410	9,02	2,760	4,60	4,010	6,68
70,000	1,750,000	3,250	2,560	1,000	4,64	3,65	1,42	6,810	9,73	3,560	5,09	5,110	7,30
80,000	2,000,000	3,650	2,960	1,000	4,56	3,70	1,25	7,610	9,51	3,960	4,95	5,710	7,14
90,000	2,250,000	4,250	3,360	1,000	4,72	3,73	1,11	8,610	9,56	4,360	4,84	6,410	7,12
100,000	2,500,000	4,650	3,760	1,000	4,65	3,76	1,00	9,410	9,41	4,760	4,76	7,010	7,01
125,000	3,125,000	5,850	4,760	1,600	4,68	3,81	1,28	12,210	9,77	6,360	5,09	9,210	7,37
150,000	3,750,000	7,050	5,760	1,600	4,70	3,84	1,07	14,410	9,61	7,360	4,91	10,810	7,21
175,000	4,375,000	8,250	6,760	2,400	4,71	3,86	1,37	17,410	9,95	9,160	5,23	13,010	7,43
200,000	5,000,000	9,450	7,760	2,400	4,72	3,88	1,20	19,610	9,80	10,160	5,08	14,810	7,40

Tabelle XXI.
Ergebnisse der Einschätzung zur Feuerwehrsteuer 1881—1887.

Klassen.	Steuerbetrag in Franken.*)	1881	1882	1883	1884	1885	1886	1887
		Zahl der Steuerpflichtigen überhaupt.						
I.	5	1739	1793	1805	1864	1908	1982	2001
II.	10	898	823	769	790	800	775	779
III.	20	344	326	351	335	362	332	345
IV.	40	122	117	114	114	139	132	115
V.	60	98	97	90	79	101	89	103
Zusammen.		3201	3156	3129	3182	3310	3310	3403

Klassen.	Steuerbetrag.	Steuer-Ertrag (in Franken).						
I.	5	8,697	8,966	9,026	9,320	9,541	9,911	10,307
II.	10	8,975	8,232	7,685	7,902	8,000	7,750	7,790
III.	20	6,870	6,525	7,015	6,690	7,235	6,635	6,895
IV.	40	4,870	4,690	4,570	4,550	5,570	5,280	4,600
V.	60	5,895	5,820	5,385	4,740	6,030	5,340	6,180
Zusammen.		35.307	34.233	33.681	33.202	36.376	34.916	35.772

Klassen.	Steuerbetrag.	Von je 100 Steuerpflichtigen entfallen auf jede Klasse:						
I.	5	54,4	56,8	57,7	58,6	57,7	59,9	60,5
II.	10	28,0	26,1	24,6	24,8	24,2	23,4	22,9
III.	20	10,7	10,3	11,2	10,5	10,9	10,0	10,1
IV.	40	3,8	3,7	3,7	3,6	4,2	4,0	3,4
V.	60	3,1	3,1	2,8	2,5	3,0	2,7	3,0

Klassen.	Steuerbetrag.	Von je 100 Franken Steuer-Ertrag entfallen auf jede Klasse:						
I.	5	24,7	26,2	26,8	28,1	26,2	28,4	28,8
II.	10	25,4	24,0	22,8	23,8	22,0	22,2	21,8
III.	20	19,4	19,1	20,8	20,1	19,9	19,0	19,3
IV.	40	13,8	13,7	13,6	13,7	15,3	15,1	12,9
V.	60	16,7	17,0	16,0	14,3	16,6	15,3	17,2

*) Das Verhältniss des Steuersatzes zum Einkommen ist folgendes:

```
Steuersatz.            Einkommen.
Fr.  5 . . . . . . . bis Fr.  1500
  „ 10 . . . . . . . über „  1500— 3000
  „ 20 . . . . . . .    „   3000— 6000
  „ 40 . . . . . . .    „   6000—12000
  „ 60 . . . . . . .    „  12000.
```

Inhaltsverzeichniss.

	Seite
Einleitung	3
I. Die Staatseinnahmen	4
II. Die Steuervertheilung	8
1. Die Steuerlast	8
2. Das Steuersystem	10
3. Die Einkommens- und Erwerbssteuer	15
4. Die städtische Gemeindesteuer	22
5. Die Vermögenssteuer	34
6. Das Zusammenwirken der drei direkten Hauptsteuern	46
7. Die übrigen direkten Steuern	57
Schlusswort	60

Tabellen.

I—III. Die Staats-Einnahmen	62—65
IV, V. Ergebnisse des Einkommensteuer-Bezugs im Stadtbezirk	66, 67
VI—XI. Ergebnisse der Einschätzung zur städtischen Gemeindesteuer	68—73
XII—XVII. Ergebnisse der Vermögenssteuer-Einschätzung	74—79
XVIII—XX. Kombination der drei direkten Hauptsteuern	80—82
XXI. Ergebnisse der Einschätzung zur Feuerwehrsteuer	83